U0717000

星云禅话

到处是路

中华书局

图书在版编目(CIP)数据

到处是路/星云大师著.—北京:中华书局,2015.4
(2023.7 重印)
(星云禅话)
ISBN 978-7-101-10503-2

Ⅰ.到… Ⅱ.星… Ⅲ.禅宗-通俗读物
Ⅳ.B946.5-49

中国版本图书馆 CIP 数据核字(2014)第 236871 号

书　　　名	到处是路	
著　　　者	星云大师	
丛 书 名	星云禅话	
责任编辑	焦雅君	
责任印制	陈丽娜	
出版发行	中华书局	
	(北京市丰台区太平桥西里 38 号　100073)	
	http://www.zhbc.com.cn	
	E-mail:zhbc@zhbc.com.cn	
印　　　刷	北京盛通印刷股份有限公司	
版　　　次	2015 年 4 月第 1 版	
	2023 年 7 月第 5 次印刷	
规　　　格	开本/787×1092 毫米　1/32	
	印张 9　插页 10　字数 80 千字	
印　　　数	25001-27000 册	
国际书号	ISBN 978-7-101-10503-2	
定　　　价	36.00 元	

自序

参禅何须山水地
灭却心头火自凉

《星云禅话》要出版了，这是我在《人间福报》头版，继《迷悟之间》《星云法语》《人间万事》之后，第四个每日不间断、连写三年的专栏。

回想《人间福报》创报之初，我为了鼓励大家多创作，同时为扭转一般报纸头版打打杀杀、口水横飞的风气，承诺每日提供一篇千字的稿子，给头版刊登。时间倏忽过去十四年，我不曾一日间断。《星云禅话》就是在二〇〇九年到二〇一二年间所写的内容，但是若要追溯撰写禅话最早的因缘，则要回到一九八五年。

当时我应台湾电视公司之邀，在节目上讲说禅的宝典——《六祖坛经》，节目播出以后，各方对于禅的渴求讯息，如雪片般纷飞而来，于是有新闻晚报副刊邀请我，每日为它撰写一则关于禅的公案，题名"星云禅话"，美国与泰国的《世界日报》也一并刊登，这是我最早写禅话公案的因缘。

后来又有人建议，将禅话制作成电视节目，让更多的人享受禅的随缘放旷、任性逍遥，因此有了电视制作人周志敏女士所制作的"星云禅话"节目，在一九八六年播出。一年后，台视公司将它结集成《星云禅话》四册出版发行。

这以后，《星云禅话》多次再版再刷，佛光、联经出版社也曾先后出版过，到底出版了多少次、发行了多少本，我也不曾去深究。所谓搬柴运水无非是禅，出版发行又何曾离开禅！只不过有一样，我一直挂碍着，那就是过去这些禅话公案播出或出版时，我正忙碌于海内外的弘法布教，夜以继日地撰写，之中颇有些匆促而成，恐怕挂一漏万、未尽圆妥，时常想着有机会要将不妥之处修正过来。由于这个因缘，多年后"星云禅话"便在《人间福报》再次和读者、信徒相见。

这次所刊登的"星云禅话"，除了修正旧稿之外，大部分都是新增的禅话公案，一共有一〇八四则。从这些公案里，我们可以体会禅的大机大用。禅，不但有机锋，还有慈悲、幽默、洒脱、率真……它是生活中一股安定心灵的力量。运用禅的智慧，可以让我们的生活少一些烦恼，多一些解脱，所谓"参禅何须山水地，灭却心头火自凉"。

禅有千百种面向，禅是千年暗室，一灯即明；禅是一朝风月，万古长空；禅是搬柴运水，穿衣吃饭；禅是行住坐卧，语默动静；禅是参究自心，本来面目；禅是青青翠竹，郁郁黄花；禅是一钵千家饭，孤僧万里游；禅是至道无难，唯嫌拣择，但莫憎爱，洞然明白……希望有缘的读者，能够在禅的三昧中，保任心的活水源头，在生活中受用无穷。

　　于丹女士，张毅、杨惠姗贤伉俪，以及名医杨定一博士，为本套书作序，在此一并致意感谢。

　　是为序。

　　　　　　　　　　　二〇一三年八月于佛光山开山寮

因为心系人间

烈焰炙身

汗水映火舞

意志点亮生命

淬炼

艳火莲华一朵

刹那

即静　即禅

佛光山佛陀纪念馆开幕的前十天，为了普陀洛伽山观音殿的千手千眼观世音，我和十几位伙伴在纪念馆昏天黑地全力赶工。

所有的人都听说星云大师中风住院了。

纪念馆的工程如火如荼，到处是赶工加班的工程队，夜晚，纪念馆里、纪念馆外，到处灯火通明，一切仿佛如常。

但是，每个人心里，有块石头。

忍不住去问佛光山的师父，所有出家众对星云大师的事，守口如瓶。

但是，每天早上，到佛陀纪念馆上工，仍然忍不住要打听一下，星云大师怎么样了？

这次，说星云大师已经出院了。

所有的人松了一口气。

但是，为什么不在医院多休息一下？没有答案。

我们继续在佛陀纪念馆里忙碌至深夜，十一点多收工，一大群人挤满车子，由纪念馆出来，往纪念馆大门走，预备回朝山会馆休息。

夜晚没灯，突然，看见车道的工地上有人，仔细看是佛光山的师父，中间有人坐在轮椅上，用雷射光笔在还没有完工的车道上，比画来比画去。

竟然是星云大师。

心里一惊，第一个反应是：老先生，您不要命啊？

突然想起，有一次，星云大师看到张毅，笑着问：你知道我年轻时候，最想做什么工作？

我们一愣，都说不知道。

星云大师笑着说：我想做导演。

长久以来，我一直想不通，导演？为什么是导演？

那天深夜看到因中风刚出院，就三更半夜，坐在轮椅上用雷射光笔在车道工地上指挥的星云大师，竟然又想起这个问题。

他最终没有去做导演，而成为今天的星云大师，在他的生命深处，的确充满了一个导演的性格倾向：当你聆听他的开示，以及阅读他的文字，那种信手拈来，都能引人入胜的感染力，说明他是天生的传播高手。这种与生俱来就有强烈的话要说的动力，确实是所有导演的共同血液。

然而，当那种动力，由虚拟的戏剧，提升到人间的苦难关怀，和众生的无明的解脱，导演的工作，可能变得无力而虚无。因为，面对真的无边人间苦厄，需要投入的，不再是短暂的创作工作，也不可能有任何个人的浪漫虚荣，更重要的是，没有什么风花雪月的期待。

需要的是，真正的生命无我无私的投入。

因此，那个原来可能是个高明的导演的人，六十年来，心无旁骛地成了今天的佛光山的星云大师。

杨惠姍 张毅

琉璃工房 执行长 / 艺术总监

听佛陀讲故事

大凡幸福的孩子，童年都是有故事听的。

无论偎在妈妈的怀抱里，还是躺在奶奶的蒲扇下，哪怕是蹲在村里老爷爷的板凳边，人性里最早的是非之心、善恶判断，就始自听来的那些故事。小时候只是听得痴迷有趣，长大后遇见世间沧桑，故事深处的道理，才分明起来。

公案禅话，就是历代高僧讲的故事。

而佛性，就藏在人人童年的本真之中。没有受到世事习染的本心倘能明朗坚持，就是中国本土禅宗修佛的境界了。

自达摩祖师东来，不立文字，教外别传；自五祖弘忍传至六祖惠能，一花五叶，心心相印，舍末究本，一门深入，明自本心，见自本性。五祖开示称："不识本心，学法无益，若识自本心，见自本性，即名大丈夫，天人师，佛。"

六祖以"本来无一物,何处惹尘埃"的清朗自性，遁入深深红尘，在猎人队伍中隐匿十五年，承接衣钵，一语道破"若识自心，一悟即到佛地"，只因为"菩提自性本来清净，但用此心直了成佛"，这部奠定了禅宗基础的《坛经》甚至简约到了"惟论见性，不论禅定解脱"，以般若智慧传递给众生一种充满肯定的态度。"汝等自心是佛，更莫狐疑。"

那么，红尘修佛，唤醒自性，所由路径何在？

听听高僧讲的故事吧。

六祖自猎人队伍中归来时，途经法性寺，听见两位僧人对着飘动的经幡争论不已，一人说是风在动，一人说是幡在动，历经磨难一心不乱的六祖一言开示："其实不是风动，也不是幡动，而是二位仁者的心在动啊。"（《风动？幡动？》）

站在二〇一三年早春萌动的时节里，所有关于

"末世"的恐慌都随着上一个年头的冬至日杳去，但是我们心里的纷扰还在，迷失在喧嚣悲欢中的惶惑一点儿没少，到底是这个世界变得太快，还是命运把我们扔到了边缘，说到底，"心静则万物莫不自得，心动则事相差别现前"，看透了自己的心动，离心静也就近了一步。

而自己这一颗心，量大时足以造一座高楼，量小时用尽全部也只造一根毫毛，如同星云大师开示："能大能小，能有能无，能苦能乐，能多能少，能早能晚，能冷能热，因为禅心本性，无所不能。"（《能大能小》）

人的一生都在追求自由，绝对的身体行为自由是不存在的，但是心的自由却是无极的。中文这一个"闷"字，不就是"心"外关了一扇"门"，自己不打开，又有什么样的外力能帮你放出来呢？或许，人不能左右生命的长度，但可以把握生命的宽度，用一生光阴，究竟把自己活成了浩荡大河还是涓涓小溪，两岸的宽度就取决于心量的大与小。

如果以为修为历练一颗心，只为放下烦恼逍遥出世，就辜负了"觉有情"的佛陀本心。这个攘攘红尘深处，藏了多少婆娑深情，弟子淘米时不慎冲掉一粒米，就被师父提点算账：一粒米生二十四个芽，长出二十四个稻穗，每棵稻穗长出三百粒米，一年下来就是七千二百粒，这些米再播撒下去，到来年就是五千一百八十四万粒米的收获。所谓"一滴润乾坤"，在乎了一粒米，那份谦恭与感恩就实证了一沙一石包容大千世界的华严精神。(《一滴润乾坤》)

想想我们今天的餐桌上，堆积如山的浪费，背后是多少不知惜福不知敬畏的狂妄心。

深沉而朴素的敬畏与感恩有时只在一个瞬间的本能中寄寓：小店主做了一笼热腾腾的包子，满身沾着面粉就欢天喜地跑去奉给禅师。禅师一见，马上回房穿上庄严的袈裟，出门郑重接受几个包子，只为敬重一份诚恳与热忱。佛如光，法如水，僧如田，良田福地的耕耘就是一生中的所有瞬间积累。(《工作热忱》)

想来今天世事人心，男人买到一座豪宅或宝马车的时候也未必就真有欢喜，女人买到 LV 的手袋或 Dior 套装的时候也未必就知足珍惜。这些奢侈品带不来的，大概就是那几个热包子奉上时不掺虚假的热忱，还有禅师庄严接受时发自内心的虔诚感激。

但，是不是听了这些故事就一瞬间醍醐灌顶呢？倘若去请教一句点化，赵州禅师会说："老僧半句也无。"（《老僧半句也无》）而洞山良价禅师后来悟出的境界更好："也大奇，也大奇！无情说法不思议，若将耳听终难会，眼处闻声方得知。"（《无情说法》）

或许，这才是禅宗真正的曼妙之处："若开悟顿教，不执外修，但于自心，常起正见，烦恼尘劳常不能染，即是见性。"

纷纷攘攘红尘深处，到处都有机缘去悟去懂，事事无碍，迷失的本心，一旦觉悟，澄明高远的境界呼之欲出。

星云大师曾经给我讲过他出家的真实经历：

结缘志开上人后，当年只有十二岁的大师立志弘法出家。被领到住持面前受戒，住持问："这个孩子，是谁让你出家的？"

孩子想一想，气概十足地说："是我自己愿意出家的。"

不期然，住持抄起藤条劈头打下来："小小的年纪，好大的胆子！没有师父指引，你出得了家吗？说，谁让你出家的？"

孩子知错，顿时改口："是师父让我出家。"不期然，藤条又落在头上："这么大的人了，没有主见么？师父让你出家便出家？说，谁让你出家的？"

孩子想想，果然哪个单一角度都不周全，这次很圆融地回答："是师父带我来的，也是我自己愿意出家。"

藤条依旧落下来，这一次根本不解释，只是问："说，谁让你出家的？"

孩子被打得越发懵懂，但一心已定，只好说："我自己也不知道，你打我就是了。"——这个最不像样的答案终于让住持放下藤条："坐下剃度吧。"

这段故事，我曾在学生就业前讲给他们听：未涉世事时，书生意气的少年心总带了些自以为是，言之凿凿乘愿而来，或秉承师命而来，都没有错，但一定会被世事历练，一次又一次地修理。此后渐次悟出单一角度的偏颇，学会周全兼顾时还是挨打，大部分人心中大不平衡，自此愤世嫉俗，把人间看作炎凉是非的深渊，放弃做有益的事，甚或连自己的善根本性都放弃了。而另外一小部分极具慧心的人却会向更高境界再多一步：不能因为挨打就放弃本心，踏实去做当下每一件认为该做的事情，这个复杂的世界防不住什么地方会出来棍棒，那么，你打我就是了。而这样一想，便是不挨打的开始。

这段故事，我也作公案听，真实经历何尝不是禅话。

这一套《星云禅话》，有多少史上公案，都被星云大师以自己的体温暖热，再输送到我们的心里。

禅宗讲求体用不二，定慧一体，空有圆融，性相一如。在一个过分嘈杂的时代里，明心见性，是一件既简练又深邃的事情。

"不悟即佛是众生，一念悟时众生是佛。"

北京师范大学教授

滚动心轮

应邀为《星云禅话》写序，我本来不敢承诺，一则深感荣幸；二则觉得不够资格帮星云大师写序，谈到禅，更是自觉不足。然而为表达对大师的尊敬，也就勉为其力。

在《星云禅话》套书中，大师透过圆融贯通的笔触，把禅门的故事、话头，运用到生活中。可看出大师对禅与佛法的中心理念，是佛法离不开生活与心念行为，从大师的修为也可以得到充分印证。大师平日的言行，充分体现了佛法的教导，展现出最高的智慧与慈悲，而不仅是理论或智慧的理解，这是大师最令人钦佩之处。大师的教法很独特，以身作则，力行佛法。然而这还不是最稀有难得的，是从信众所传达出大师的谦虚、平凡、无架子，与任何人都能圆融沟通，给人方便，包容佛法各派传承，这是当今时代最需要的，而大师充分体现出这样的风范。

大师这样圆融的成就，是非常不容易的。这是多年来坚持佛法，观照自己的行为与所教的相符相合，因此能感动全球数百万信众，弘扬佛法于五大洲。个人对大师的理念与修持非常景仰，平日所推动的各项活动，也都希望能符合大师的教导。譬如：大师倡导"三好"运动多年，所谓"三好"就是做好事、说好话、存好心，以身口意来奉行佛法。事实上，对于因忙碌生活、紧绷压力所带来的心灵危机，大师所推动的"三好"运动正切合现代人所需。个人也认为，当抱持感恩与慈悲的念头，自然会做好事服务人，说好话赞美人，存好心为人设想。行住坐卧都能落实三好，起心动念都是欢喜修行。

希望读者朋友在体会禅味之余，打开心胸，接受大师的话。以自己的身心行为，来验证大师的教导是否契合有用，更要时常参考大师的话，将佛法应用在生活中。

长庚生物科技董事长

目 录

卷一

卷二

卷一

你的傲慢有放下吗？你的自尊有放下吗？

你的执著有放下吗？甚至于，你的悟道也能放下吗？

善自珍重

芙蓉灵训禅师在庐山归宗寺参学的时候，有一天，忽然动念想下山去，因此而向归宗智常禅师辞行。

智常禅师问他："你准备到哪里去？"

灵训禅师照实回答："学人打算回岭中去。"

智常禅师慈悲地说："你在我这里参学已经十三年，今天要走了，我应该为你说些佛法心要。你行李整理好之后，再来找我一下。"

没多久，灵训禅师再度来到法堂，他先将整理好的行李放在门外，然后依佛门礼仪，搭衣持具去拜别智常禅师。

智常禅师亲切地招呼他说："到我面前来！"

灵训禅师依言向前。

智常禅师轻轻地说："天气严寒，途中善自珍重。"

灵训禅师听了这一句话，当下顿然彻悟。

养心法语 ━━━━━━━━━━━━━━━

智常禅师的"佛法心要"是什么？就是慈悲心、菩提心、般若心。总之一句，就是禅心。

修学佛法还未成功就想离开，这是对自己本分事放弃责任。一句"天气严寒"的关怀，就是要让灵训禅师知道：别人都这么关心你，你却不关心自己，而下一句的"途中善自珍重"的勉励，终于使灵训禅师回到自家的家门，认识了自我。

禅，有时说尽了千经万论，连禅的边际都摸不到；有时只不过是一句话、一个动作，却让人彻骨彻髓地认识了自家本来面目。

智常禅师的慈悲关怀，那也是灵训禅师十三年当中，多少年的奉献，多少年的虔诚使然；而灵训禅师的彻悟，也是因为机缘成熟了。语云："饭未煮熟，不要妄自一开；蛋未孵熟，不要妄自一啄。"实不虚言。因此，想找到自性，必须禁得起千锤百炼。

不愧为侍者

有一次，兴化军梯山石梯禅师看到自己的侍者拿着钵，往斋堂的方向走去，就唤住侍者，问道："你要到什么地方去？"

侍者回答："到斋堂去。"

石梯禅师听了侍者的回答，相当地不以为然，立即申斥他："我看你手上拿着钵，怎么会不知道你要到斋堂去！"

侍者于是反问石梯禅师："禅师既然知道我要到斋堂去，为什么又要我回答呢？"

这时候，石梯禅师终于点出了主题："我是问你的本分事。你究竟要到哪里？可以得到什么？"

侍者庄重地回答："禅师若问我的本分事，那么我实在是要到斋堂去。"

石梯禅师忍不住拍掌赞叹："太好了，太妙了，你实在不愧是我的侍者！"

养心法语 ————————————————

　　侍者两次的回答都是要到斋堂去，第一次的回答，石梯禅师不喜欢；可是第二次的回答，却让石梯禅师欢喜得不得了。因为回答虽相同，但境界是不同的。

　　什么是"本分事"？就是回到本家的事，是明心见性的事，是了脱生死的事。本分事，就是认清本性、安住身心、慈悲忍耐、发心作务的禅风。到斋堂去，斋堂里有禅；到佛殿去，佛殿里有禅。所以，禅者的生活中，无处不是禅，真是吃饭是禅，睡觉是禅，行住坐卧，搬柴运水，无事不是禅。禅，不仅包含了生活，更包含了宇宙万有。

　　所以，能将做人的本分事做好，将自己的责任担好，不推辞，不妄想，不贪求，那就是本分事，也就是禅心，如此便能任性逍遥，随处生活了。

梦想打开理想之门，
理想开辟成功之路。

老僧何似驴？

　　传承仰山慧寂禅师禅风的南塔光涌禅师，有一天，他在外弘法后，回到仰山禅师的住处来。仰山禅师一见到他就问："回来做什么？"

　　光涌先合十，再顶礼，然后才说："礼拜和尚。"

　　仰山禅师用手指指自己，问道："你还见老僧吗？"

　　光涌肯定地回答："见！"

　　仰山禅师非常严肃地再问："老僧何似驴？"

　　光涌毫不犹豫地说："和尚也不像佛。"

　　仰山禅师再用手指一指自己，说："那么我像什么？"

　　光涌不以为然地答道："如果有所像，那么跟驴有什么分别呢？"

　　仰山禅师听了弟子的这种回答，不禁哈哈大笑，赞叹道："这句问话，我已经用了二十年，用它来考验人，没有一个人能说得出来。今天你回答我的，真是凡圣尽情，不从分别上去认识世间，而从无分别上去体悟世间，真是太好了。善自护持！善自护持！"

养心法语 ————————

像什么？用一句真实的话来说，其实像什么的，已经是不像什么；不像什么的，其实就已经是像什么了。见着的，都没有见着；没有见着的，都已经是见着了。现在我们说的禅，并不是在故弄玄虚，正如《金刚经》说："所言一切法者，即非一切法，是故名一切法。"所以，如果我们不背弃执著，不背弃对待，不背弃分别，那就不是佛法；要背弃了以后，才是佛法。

这世间所有的一切，都是生灭变异法，都是无常的法。你说能像什么，能像的都是不像，而真理法身如同虚空，虚空虽说无相，其实是无所不相。你有见到虚空吗？虚空像什么？

空色本来同

　　某天，有一位学僧前来请示赵州从谂禅师说："所谓'色即是空，空即是色'，这个道理要如何解释呢？"

　　赵州禅师只是以偈为答："碍处非墙壁，通处没处空；若人如是解，空色本来同。"

　　学僧听了仍然不解，于是赵州禅师又说："佛性堂堂显现，住性有情难见；若悟众生无我，我面何如佛面？"

　　学僧还是不明白，就问："禅师！我请问您的是'色即是空，空即是色'，你怎么用这个偈语来回答我呢？"

　　赵州禅师两眼一瞪，说："色即是空，空即是色！"学僧终于言下大悟。

养心法语 ───────────────────────────

世间所见的一切物质，佛法都叫作"色"，是依因缘条件而成的，所以不能单独存在，因此，没有自性可得，不可得就是空。是故色的当体是空，此即"色即是空"之意。

空，不是没有。虚空能包容万物，因此经上说："真空不碍妙有，妙有不碍真空。"空是精神，色就是物质。物质里有精神，精神也需要物质来表现，所以色与空是二而一，一而二。

虚空是有还是无呢？你说它无，大地山河都在虚空之中。虚空是本体，万有是现象。所以，本体现象，一如也。

凡夫执著一切法是有实体的，因此才处处障碍，无法贯彻现象的色与本体的空。一旦体悟诸法无我，缘起性空，即知佛心即是我心，我心即是佛心。"我面何如佛面"就是这个意思。

糟蹋僧

有名的大颠宝通禅师，在潮州弘化三十多年。文人韩愈因《谏迎佛骨表》触怒了皇帝，被贬职到潮州，因此有缘亲近大颠禅师，向禅师问禅论道。后来皈信了佛教，成为大颠禅师的弟子。

大颠禅师在驻锡潮州之前，曾到湖南衡山参访过石头希迁禅师。当时，石头禅师一见面就问："你是参禅僧，还是糟蹋僧？"

大颠禅师回答："是参禅僧。"

石头禅师再问："那什么是禅？"

大颠禅师就回答："扬眉瞬目。"

石头禅师又进一步说："除了扬眉瞬目外，把你的本来面目呈现出来看看。"

大颠禅师："禅师请你除掉扬眉瞬目以外的，再来看看我大颠。"

石头禅师："我已经除掉了扬眉瞬目。"

大颠禅师："我现在也已经将禅呈现给禅师了。"

石头禅师："你现在的心，是怎样的？"

大颠禅师："跟禅师没有两样。"

石头禅师："我的心不关你的事。"

大颠禅师："本来就无你无我，何必一定要建立关系？"

石头禅师："不错，不错，你我之间一物也无。"

大颠禅师："既然无物，就是真物。"

石头禅师："真物不可得，你心中的见解这样，还必须大大护持。"

养心法语

　　江西颍川大颠禅师，因参谒湖南石头禅师而开悟，后来发心到蛮荒瘴气的边陲之地——潮州弘法，可见他悟道了以后，那种勇猛的精神。大颠禅师的禅风，正如一首赞语云："彻证至理，岂拘正偏？扬眉瞬目，一任风颠。语默动静，妙阐幽玄，昌黎拜倒，衣书记传。"

僧有多种，在工作上分弘法僧、事务僧、苦行僧
等，在行为上分隐居僧、粥饭僧、应赴僧、糟蹋僧等。
什么僧都能做，就是不能做糟蹋僧。所以大颠禅师
直下承担，他是一个参禅僧。

佛祖！佛祖！

唐朝南阳慧忠国师感念侍者为他服务了三十年，想有所报答，助他开悟，于是有一天，他喊道："侍者！"

侍者一听国师呼唤他，立刻回答道："国师，有何指示？"

国师无可奈何地说道："没有什么。"

过了一会儿，国师又叫道："侍者！"

侍者立刻又回答道："国师，做什么？"

国师又无可奈何地说道："不做什么！"

如是多次后，国师不得已，改口叫道："佛祖！佛祖！"

侍者茫然不解地反问道："国师，你叫谁呀？"

国师只好明白地开示："我在叫你！"

侍者不明所以："国师，我是侍者，不是佛祖呀！"

国师不禁慨叹地对侍者说道："你将来可不要怪

我辜负你，其实是你辜负我啊！"

侍者分辩道："国师，不管如何，我都不会辜负你，你也不会辜负我呀！"

国师答道："事实上，你已经辜负我了。"

养心法语

慧忠国师与侍者，谁辜负了谁，这且不去论；但侍者只承认自己是侍者，不敢承担佛祖的称谓，这是非常遗憾的事。禅门讲"直下承担"，所谓"舜何人也，予何人也，有为者亦若是"。佛教讲"心、佛、众生，三无差别"，然而众生只承认自己是众生，不承认自己是佛祖，沉沦生死，无法回家，实在可悲。

无门慧开禅师曾说："铁枷无孔要人担，累及儿孙不等闲；欲得撑门并拄户，更须赤脚上刀山。"老国师年高心孤，对侍者用按牛头吃草的方法，使其觉悟，无奈侍者只是侍者，不敢承担是佛祖。

一与三

有一天，玄沙师备禅师问雪峰义存禅师："有拐杖吗？向你化缘一根拐杖。"

雪峰禅师慷慨地回答："我有三根拐杖，你拿一根去好了。"

玄沙禅师惊讶地说："每个人都只有一根拐杖子，你为什么有三根呢？"

雪峰禅师解释："三根有三根的用处。"

玄沙禅师不以为然："是即是，我却不如此用法。"

"那你怎么用呢？"

"是三是一。"

这时，轮到雪峰禅师不以为然了。

"三是三，一是一。三不是一，一不是三。是三是一，是一是三。此事如似一片田地，一任众人耕种，大家无不靠此为生，是一是三，你怎可只说是三是一？"

玄沙禅师道："你凭什么说是一片田地？"

雪峰禅师用手在虚空中一画，说道："看！这就是一片田地！"

玄沙禅师："是即是，但是我不这么说。"

"那你是怎么说呢？"

玄沙禅师："那是各人的事，各人生死各人了，各人吃饭各人饱。"

雪峰禅师问："既然人人如此，为什么要跟别人借拐杖，何不用自己的拐杖呢？"

玄沙禅师："达摩不来东土，二祖不往西天。当来的则来，当去的则去。用一根拐杖助他，莫用三根拐杖累他！"

养心法语 ————————————

　　禅宗说的拐杖，即是人人本具的清净本性。我们每一个人的本来面目、真如自性，不可说有，也不可说无。不可说一，岂能说三？禅者就是要破除这种有无对待的观念。

禅师与禅师之间一来一去，在这一去一来间，何必要分二分三呢？《法华经》里面说："唯有一乘法，无二亦无三。"禅只有一，不是二三。

了无功德

南北朝的时候，南朝的梁武帝是历史上最虔诚护持佛法的君王。他在位的时候，曾经广建佛寺，修造桥梁道路，造福百姓，一本佛门的慈悲心肠为国为民。

当时达摩祖师从天竺来中国弘法，梁武帝一听到印度有位大师来到中土，就非常虔诚地礼请他到朝廷说法。

见了面以后，武帝问达摩祖师说："像朕这样为了佛法建造寺庙、印经书、造桥修路，做了这么多的善行，会有什么样的功德？"

达摩祖师回答道："了无功德。"

梁武帝听了非常不高兴，就问为什么，达摩祖师默然不答。

达摩祖师见与梁武帝心意不契，知道弘法的机缘尚未成熟，因此遁入少林寺壁观修行，人称壁观婆罗门。

养心法语 ————————————————————

　　真正的福德（功德）与福德性不一样，梁武帝所做的是福德，而福德性则是我们自己的真如自性。这里面有无量恒沙的功德，你做了功德，它没有多一点，你没有做功德，它也没有少一点，因此"如是功德不以事求"。梁武帝用福德来问达摩祖师，而达摩祖师用福德性来为他解释，所以两个人不相应，难怪达摩祖师会拂袖而去。

　　事实上，梁武帝的善行，并非无功德。禅师所言的"了无功德"，是说明在禅心里是无相的、妙庄严的功德，不能以一般事相上"有无"对立的观念来计较功德的多少大小。我们唯有超越"有无"对待的妄执，超越"大小"对待的分别，才能透视诸法"是无是有，非无非有，是可有是可无，是本有是本无"的实相。这种超越向上，是禅家必经的途径，这种境界才是禅家的本来面目。

不得辜负老僧

　　有一天，黄檗希运禅师行脚云游到京城，受人指点前往百丈山参礼百丈怀海禅师。当时，百丈禅师问黄檗禅师从何处来。黄檗禅师答道从岭南来。百丈禅师问他所为何事，黄檗禅师便礼拜，然后问道："从释迦佛以来的宗师，以什么样的法门相传至今？"

　　百丈禅师只是良久不语。

　　黄檗禅师见百丈禅师不答，于是严正地说："这法门不能让后人就这样断绝了！"

　　百丈禅师摇摇头，说："才正想说你是个人物。"说着立即转身走进了方丈室。

　　黄檗禅师随即当下省悟，追上前去，对百丈禅师说："希运是特地前来。"

　　百丈禅师则说："若真如此，尔后不得辜负老僧！"

养心法语

　　禅是什么？昔日外道问佛，佛默然不语，外道因此有所领会，赞叹释尊大慈大悲，为他散尽迷雾。维摩居士示疾，在回答何谓"不二法门"时，也以静默来表达离诸语言的最高境界，而留下了"维摩一默，如雷贯耳"的千古名言。禅门的机锋，或以棒喝、无言之教，来令学人反观自照，体证自性，这样的教育正是自觉的教育。

　　历代禅门宗师所流传下来的心法，不是区区的语言文字所能表达透彻的，得由禅者自己去亲证体悟。百丈禅师以沉默来试探黄檗禅师，若能契入，心法便已传付，这就是自家珍宝，所以古德才会说"从门入者，不是家珍；从心流出，才是本性"。

大人相

　　唐朝的云岩昙晟禅师，他最初在百丈怀海禅师门下学禅，因未能契入，改参药山惟俨禅师，得证心法。后来，驻锡于潭州（今湖南长沙）云岩山，人称云岩昙晟。

　　有一天，他遇到沩山灵祐禅师，对方问道："听说你在药山惟俨禅师处参学很久了，是吗？"

　　云岩禅师回答："是的。"

　　沩山禅师又问："那么，请问惟俨禅师的大人相是如何呢？"

　　云岩禅师答道："涅槃后有。"

　　沩山禅师再问："涅槃后有是怎么一回事呢？"

　　云岩禅师说："水洒不到处。"

　　接着，云岩禅师反问沩山禅师说："那么，您的师父百丈怀海禅师的大人相又是如何呢？"

沩山禅师回答："我的师父百丈怀海禅师如山一般崇高宏伟，如日一般光明辉耀，声前非声，色后非色，就好像是蚊子在铁牛上，找不到一个下嘴处。"

养心法语

禅师们的悟境，不是常人所能轻易体会得到的。从沩山禅师与云岩禅师二人对大人相的描述可以看得出来。云岩禅师说他的老师虽是"涅槃后有"，但却是"水洒不到处"；而沩山禅师则以"蚊子叮铁牛，无一下嘴处"来形容。

对一般人而言，禅悟似乎是遥不可及的，其实不然。只要在日常生活中，每天能有一个小悟，就是一种进步，这个悟代表着：我懂了，我明白了，我想通了，我找到了。这与禅宗的悟，就能相应了。

昨是今非

五祖法演禅师问前来参学的开圣觉禅师："释迦、弥勒犹是他奴，这个'他'指的是什么人呢？"

开圣觉禅师回答道："胡张三黑李四。"法演禅师印可了他的见地。

后来，法演禅师便把这段对话告诉寺中的首座圜悟克勤禅师。可是，克勤禅师却不太赞同地说："这个回答好是好，恐怕还不够踏实，还须再试探看看。"

第二天，法演禅师又以同样的问题再度问开圣觉禅师。

开圣觉禅师不解地说："这个问题昨天不是已经回答过禅师了吗？"

法演禅师逼问道："你说了什么？"

开圣觉禅师答："胡张三黑李四。"

法演禅师摇摇手说："不是！不是！"

开圣觉禅师一听更加疑惑，问道："禅师，可是您为什么昨天说是呢？"

"昨天是，今天不是！"

开圣觉禅师在法演禅师的喝声下，迷梦乍醒，当下大悟。

养心法语

人要时时有"昨是今非"的警觉，不以现状为满足，自我激励今天要比昨天更进步。对于修道的悟境也一样，保持好奇探究的心，对万事万物重新认识、体会，这样才能百尺竿头，更进一步。

在修行的过程中，我们要改心性、革陋习，不故步自封，不短视近利，确实面对自己的无明习气，努力去除自私、烦恼、执著的自我，日日更新自己。如果能有这样的决心，每天都是新生的开始，那么道业自然有所进步、有所增长。

谁的罪过？

一大清早，河边就挤满了一群等待过河的乘客，准备要乘船到对岸去办事。没多久，船夫撑着船靠了岸。由于船小人多，有些人挤不上船，只好等下一班船再过河。

在等待的人当中，有一位秀才及一位禅师。秀才目送着船开走，忽然问禅师说："请问禅师，刚才船夫将舟推入江中，把沙滩上的螃蟹、虾、螺等压死了不少，请问这是乘客的罪过，还是船夫的罪过？"

禅师听了之后，回答道："既不是乘客的罪过，也不是船夫的罪过。"

秀才听了，更加疑惑地问："既然船夫和乘客都没有罪过，那么请问禅师，这究竟是谁的罪过？"

禅师瞪着秀才，很不客气地说："是你的罪过！"

秀才一听，很不服气地回话："这干我什么事？"

禅师两眼圆睁，大喝："因为本来没有事，是你再三分别，所以是你的罪过！"

养心法语

佛教虽然讲六道众生，但还是以人为本位。真理有时不能说破，事相有时也不能说破。船夫为了生活赚钱，乘客为了事务搭船，虾蟹为了藏身被压，这是谁的罪过？这不单是船夫或乘客的罪过，而是船夫、乘客、虾蟹三者的罪过。但其实也不是三者的罪过，因为这三者都是无心的，就如"罪业本空由心造，心若亡时罪亦无"。无心，怎么能造罪呢？纵然有罪，也是无心之罪。这位秀才多事，难怪禅师要毫不客气地喝斥"是你的罪过"。

所以，禅有时不立一法，空诸所有，禅心真理才能现前。

尽饮法味了

　　大觉禅师有一位儒者的老朋友，两人结识已经四十余载了。虽然他们的所学各有专攻，但是彼此之间，多年来始终相互尊重，相知相惜。

　　有一年，时值农历春节的除夕，家家户户都在忙着准备要过年。大觉禅师看到他的儒者老友竟然来访，惊喜之余，大觉禅师当下就热诚地邀请老友说："今天正好是除夕，您老既然来了，就在我这里围炉晚餐吧！"老友听了，也欣然接受。

　　这两个人，虽然一位是佛门的大老，一位是儒家的耆德，然而两个人用餐，也只不过是面一碗而已。用过餐之后，二人吃茶闲谈，关心彼此的健康，不亦安然自在。

　　眼看时间不早了，儒者老友于是起身告辞，大觉禅师对老友说："我不能常常都是让您老前来啊！这样好了，明天是初一，我这就到您府上，去向您回拜一下吧！"

本来已经准备离开的儒者老友，一听到大觉禅师这样说，惊讶地停下脚步，回头婉谢道："千万不能！"

大觉禅师闻言，不禁诧异地反问道："这是为什么呢？"

儒者老友微笑着对大觉禅师解释说："不是我不欢迎您去，而是因为春节期间，我的家人都到国外度假去了，如果您到我那里去，我连给你倒杯茶水的人都没有，实在是家里只有我一个人啊！"

养心法语 ————————

佛、儒二者，当修行到了最高境界的时候，即使只有一个人，都能自在独处，都能安于淡泊，都能简单生活。

一位佛门的禅者，虽然正逢热闹的过年之时，也只是以一碗面作为晚餐来待客；而另一位谦谦的儒家硕德，在春节时刻，连倒个茶水都得自理。可见修行人是靠自己来解决自己的问题啊!

　　这二位大德、长者,看起来似乎很孤单,其实不然也!因为对一个已经拥有了世界、拥有了虚空的人,也不用在乎倒这么一杯茶,因为他们早已把天下的法味都饮尽了。

谁的净瓶？

　　湖北鄂州的无等禅师在赣县龚公山出家，后来参礼马祖道一禅师而密受心要，领会玄旨。

　　有一天，无等禅师去谒见州牧王常侍。两人相谈一番之后，无等禅师便起身告辞，转身离去，王常侍忽然在后头高呼一声："和尚！"无等禅师应声回头："嗯。"王常侍于是敲柱三下"叩叩叩"，无等禅师也以手做一圆相，并再弹拨三下，头也不回地走了。

　　后来，无等禅师在武昌大寂寺驻锡。有一次大众晚参，众人向和尚问讯，无等禅师接着就问大家："刚才的声音，现在向什么地方去了？"

　　在场的大众个个无语，当中只有一位青年学僧，他竖起了手指头回应无等禅师的问话。

　　无等禅师只说了一句："珍重！"便下座回寮去了。

　　隔天清早，这位学僧去参见无等禅师。无等禅师故意转身面对着墙壁侧卧，甚至还故意发出呻吟声。

学僧上前关心地询问："和尚身体还好吗？"

无等禅师连连叹气道："老僧这三两日来，身体欠安。大德身边有没有什么药物，可以给老僧一些呢？"

学僧就一边用手拍打着净瓶，一边说："这个净瓶从什么地方得到的呢？"

无等禅师说："这个净瓶是老僧的，倒是你的净瓶在什么地方啊？"

学僧笃定地答道："这净瓶是和尚的，也是我的。"

养心法语 ———————————————

州牧王常侍和无等禅师之间，一个敲柱作声，声是无常，凡是有声皆归于无常；另一个则以画圈为相。正如《金刚经》云："凡所有相，皆是虚妄。"故有相即是无相。无常、无相，这不就是真理吗？所以，他们的对答，都是在说明对佛法的认识。

净瓶，是僧人赖以喝水的器皿，水能滋养身体，有水才能生存下去。净瓶就如身体，有水才有净瓶之用。这个青年禅僧来路不凡，对于净瓶是谁的，他回答道，你的净瓶就是我的净瓶，意即人我之间还需要这样去分别吗？

担起来

唐朝的新兴严阳禅师是洪州（江西）武宁新兴人，为赵州从谂禅师的法嗣。赵州从谂禅师人称"赵州古佛"，曾在河北赵州的观音院（今柏林禅寺）驻锡长达四十年。

严阳禅师初参赵州禅师的时候，就问道："一物不将来时，该怎么办呢？"

赵州禅师看着眼前这位年轻的学僧，神情带着高傲，心想，对方竟然表明自己已经见得本来面目，真是后生可畏。

赵州禅师一边想着，一边朝着严阳禅师走过去，就在两人擦身而过的瞬间，忽然转过头来，对着严阳禅师的耳朵大喝一声："放下！"

严阳禅师闻言，傲色果然收敛了许多，反问："既然已是一物不将来了，还要放下什么？"

赵州禅师哈哈大笑："既然放不下，那就担起来啊！"

严阳禅师顿时豁然大悟，立刻向赵州禅师顶礼。

养心法语

　　一物不将来，意即没有拿什么东西来。年轻的禅师，就算是悟道了，也难免有一些习气。这在赵州古佛面前，当然是瞒不了的。所以当严阳禅师说"我没有东西拿来"，赵州禅师就顺着他的话说"放下"，此即加重给他的开示，意谓：你的傲慢有放下吗？你的自尊有放下吗？你的执著有放下吗？甚至于，你的悟道也能放下吗？

　　年轻的严阳禅师虽然懂得赵州禅师的意旨，仍旧回答："既然一物都没有，还要放下什么呢？"赵州禅师立刻说："那你就提起吧！"在赵州禅师这种对比的问答下，年轻的禅者终于省悟。

　　所以，在佛门里面，有用的时候你要提起，没有用的时候你要放下。你拖着一个笨重的东西，又不用它，不觉得负担沉重吗？

即使真放下了，当需要慈悲、需要度众的时候，仍然可以再提起啊！

有眼无珠

日本的峨山禅师，有一次过江到京都大德寺去办事，他在渡船上看到一位头戴斗笠、衣着简陋的老和尚，正埋头诵念着经文。

峨山禅师对这位老和尚仔细打量了一番，心里想：这和尚年纪不小了，却还在诵经的阶段，想必只是个出家不久的学僧吧！

于是，峨山禅师趋前对这位老和尚说："您搭这船是要去大德寺吧！"

老和尚抬起头回答："是啊！"

峨山禅师以一副老参的姿态说："我想，您应该是要去亲近伽山禅师，伽山禅师的禅法可不容易学习哦！老和尚，您年纪这么大了，可得加紧用功学习，假以时日才会有个好成就。"

老和尚只是面带微笑，静静聆听着峨山禅师的

出頭須可上青天奇節
根瓦不然珍重一身渾是
玉白雲堆裏萬千邊

发心如烧水，须不断添加柴火，水才会沸；
实践如走路，应经常注意脚下，行才会正。
发心与实践，是成功立业的要素。

"教诲"。

　　船靠岸了以后，峨山禅师与老和尚一齐前往大德寺。一路上，峨山禅师还不忘教导老和尚参禅学道的要领，而老和尚始终都谦谦有礼，虚心闻教。

　　一直走到了大德寺的山门口，全寺的僧众和当家法师都站在山门处迎接这个老和尚，也就是大德寺的住持伽山禅师。

　　峨山禅师被眼前的阵仗惊得目瞪口呆，赶紧向伽山禅师忏悔自己的有眼无珠，他深深钦服于伽山禅师的气度与胸怀，于是投在他的门下，学习禅法。

养心法语 ————————————

　　俗语说："满瓶不动半瓶摇"，峨山禅师有眼无珠，伽山禅师是真人不露相。伽山禅师已是悟道之人，对于这种不识真相，自以为是，自充老大，不懂得自谦的年轻人，自然不会与之计较。今天峨山禅师若不是遇到像伽山禅师这样虚怀若谷的大德，可就要吃眼前亏了！

一手抬，一手按

唐朝的岩头全豁禅师是德山宣鉴禅师的法嗣。

有一天，岩头走到方丈室，叩了叩门。

这时，德山禅师正在方丈室里打坐，听到叩门声，缓缓睁开眼来，望向站在门外的岩头，仍然不言不语。

岩头于是跨进门，开口便问："和尚，您是圣？是凡？"

德山禅师手一挥，大喝一声："去！"

岩头不再说什么，只是静静地向德山禅师礼拜，便转过身，走出了方丈室。

后来，有人把这件事告诉了洞山良价禅师。良价禅师听了，赞赏地说："除了岩头上座，我想应该没有人能承担吧！"

洞山良价禅师的这番评语后来传到了岩头耳边，他嗤之以鼻并说："呵！良价这个老和尚，真是不识好歹，妄下断语，未免太低估我了！"

岩头摇摇头，接着又说："良价这老和尚不知道我那个时候，是一手抬他，又一手按着他，就看他怎样喘气翻身！"

养心法语

岩头到方丈室参谒德山禅师，先敲门试探动静，再跨门而入，可是德山禅师始终不动如山，来个沉默不语。因此，岩头故意问他，是圣？是凡？这种对立式的问话，德山禅师听了，当然大喝一声："去！"

岩头听到这一声"去"，立即向德山禅师顶礼，便退出了方丈室。

良价禅师得悉此事，赞叹岩头能可以直下承担，超越对待。哪知岩头反而说，这是为了让对方不能翻身，不能喘气，当下直接就是，不用妄自分别。言下之意，既无对待，何有赞许可言呢？

可真点胸

　　翠岩可真禅师为石霜楚圆禅师的法嗣，接引学人向来以机辩迅捷而闻名于丛林。例如，有学僧问："如何是学人着力处？"

　　可真答："千日砍柴一日烧。"

　　学僧："如何是学人亲切处？"

　　可真："浑家送上渡头船。"

　　学僧："如何是道？"

　　可真："出门便见。"

　　学僧："如何是祖师西来意？"

　　可真："深耕浅种。"

　　可真最初在楚圆禅师座下参学时，楚圆禅师问他什么是佛法大意，可真答以"无云生岭上，有月落波心"。楚圆禅师听了就怒斥，年纪都有一把了，还做这样的见解。楚圆禅师看可真愣在原地，就说你可以问我。结果楚圆禅师同样还是回答"无云生岭上，有月落波心"，然而可真一听，当下便豁然明白了。后来禅门中，就以此一因缘称可真禅师为"真点胸"。

养心法语 ————————

　　可真以"无云生岭上，有月落波心"这句话，点破了胸中的隔碍，所以时人称他为"真点胸"，意思就是说云山、波海都在胸中融和了。

　　青原行思禅师曾说，未参禅时，看山是山，看水是水；参禅以后，看山不是山，看水不是水；即至悟道以后，看山仍是山，看水仍是水。同样的山水，为什么在修道的层次里面，会有这样的分别？

　　未修禅时，是物理上的世间万法，山是山，水是水；参禅了以后，发觉到世间万法，不是单纯的表相，皆是众缘生起，所以山相不是山，水性不是水；等到他悟道以后才知道事理不二，原来真理是出世法不破坏世法，所以在悟道者的眼中，还给山水一个本来的面目。

可真以"无云生岭上，有月落波心"这句话回答楚圆禅师的问题，即至受到批评以后，再问楚圆禅师"如何佛法大意"，楚圆禅师也是以这两句话回答，可真于言下大悟。此即一法可以有多门，横看竖看，近看远看，只要能触动机心、触动真心。自己说的未必全懂，别人说了才恍然大悟，此即禅机之妙用也。

茶杯死了

一休宗纯禅师，是日本室町时代临济宗著名的僧人。他在幼年的时候，就展现出异于常人的聪明机智。

有一天，一休沙弥不小心将师父心爱的茶杯打碎了，那可是一件稀世珍宝。一休自知闯祸了，心想："完了！这下子一定得挨师父的骂，甚至挨一顿打了。"他边想边收拾散落一地的碎片，然后赶紧藏起来。

果真过没多久，师父循着声音走向一休，问道："刚才，我听到一阵响声，有什么东西打坏了吗？"

一休故作茫然不知，赶快向前一步，天真地问师父："师父，弟子正有一个问题想请示您。"

师父说："什么事？赶快道来。"

一休说："人生在世，这样活得很好，为什么一定要死呢？"

师父一听，摸摸他的头，慈祥地说："傻孩子，这是当然的问题，因为有生就有死啊！你看，气候有春夏秋冬，物品有成住坏空，人生也有生老病死，坏了、死了，这是万物正常的道理啊！"

一休听了之后，满面欢喜地说："师父，现在要告诉您一个坏消息：您心爱的茶杯死了。"说着，就把打破的茶杯碎片捧到师父面前。

师父一看，知道是一休调皮，把茶杯打破了。但自己刚刚讲说了一番道理，也不好自相违背，只有哑然失笑。

养心法语

一休禅师童年的时候，就是一个非常顽皮的孩子。他虽顽皮却非常聪明，有时候还会和师父斗智。就如他把师父心爱的茶杯打坏了，本来要受处分的，可是他竟可以和师父论生死。当师父落入语言的陷阱，说万物都有成住坏空，都有损坏的时候，他才对师父说茶杯死了，使得师父对自己所说的道理不能自相违背，只得对他从宽发落。一休小小年纪，思想却灵活慧巧，这也是一种禅心幽默喔！

有何祥瑞？

北宋时，泗州普照寺的处辉禅师跟随金陵保宁仁勇禅师出家，为慧林宗本禅师的法嗣。后来，奉旨担任寺院住持。

普照处辉禅师晋山升座的那一天，众僧云集。许多人都来观礼祝贺，一时之间，全寺内外往来的人潮，可说是络绎不绝。

当日，处辉禅师上堂说法，当中有一位学僧提问道："请问方丈大和尚，听说过去佛陀讲说《法华经》时，从地上涌现多宝佛塔，殊胜无比。大和尚，您今天也晋山说法，有何祥瑞吗？"

处辉禅师听了，只是淡淡一笑，说："天上白云飘飘，地上百花随风摇摆，你说，这是祥瑞吗？"

禅僧回答道："这是自然现象，与今日的升座无关啊！"

处辉禅师说："你在说，我在听，难道还不够祥瑞吗？"

禅僧听了处辉禅师的回答，顿时感到一阵惭愧，若有所悟。

养心法语

祥瑞，就是奇异的瑞相或者是神通显现，其实，宇宙之间，哪里没有祥瑞和神奇灵异呢？喝一口茶，就不渴了；吃一碗饭，就不饿了，这不神奇吗？会游泳的人，浮在水面；会爬山的人，可以登于绝顶，这不奇妙吗？

佛法，没有奇妙，只有平常心。在世间，春夏秋冬、生老病死，都是很自然的平常事；既然学僧不懂得大自然的灵异，普照处辉禅师便进一步说：你讲话，我在听，这不就是祥瑞吗？虽然是这么简单，其实，那就是佛法的玄妙喔！

不敌见识

　　过去，日本有一位精研戒律、讲究持戒的豪潮律师。他经常到九州一带的各个寺院与僧众论辩，从来没有失败过。因此，不管哪个寺院听说他要来，都感到非常不安。

　　有一次，有家寺院的住持接到豪潮律师将登门拜访的通知，赶紧求助于仙崖禅师。仙崖禅师也不推辞，满口答应他的请求。

　　到了当天，寺院的里里外外，庭院、走廊、甚至栏杆旁，都挤满了看热闹的人。

　　仙崖禅师站在门口对豪潮律师合掌说："欢迎，请进！"并且引导他走到庭院。原本意气风发、大步迈进的豪潮律师，看到庭院的地上写了几句话，立刻脸色大变，一句话也没说，马上掉头匆忙离开。

　　现场一片哗然，大家不知道发生了什么事，都议论纷纷。其中有人大声问："豪潮律师素有雄辩的声誉，今日为何尚未辩论就离开了呢？"

另外一人也高声问："禅师，您和他究竟讲了些什么？怎么我们什么都没看到，他就走了呢？"

仙崖禅师微笑着指着地上的字说："你们看！"

只见地上写着："豪潮，左右的人都想要杀你，你还不赶快逃命吗？"

大家一看哄堂大笑，这虽然是仙崖禅师恶作剧，但也觉得豪潮律师未免太过胆小。可见他平时虽讲律学，但见识还不够啊！

养心法语

戒律，是刻板的、是教条的。如果只用戒律来要求人，很少有人在教条之前能称得上完美的。禅门，是解放的，凡事喝佛骂祖，不能以常规来看其事。其实，那许多喝佛骂祖的禅者，才是真正尊敬佛祖的人。例如丹霞天然禅师的"多拿几尊来烧"，又如云门文偃禅师的"一棒打死与狗吃"，看起来这是大逆不道。事实上他们已打破偶像观念，见到自己的真身如来了。

有没有消息给你?

唐朝的翠微无学禅师,生平不详,只知道他是丹霞天然禅师的法嗣弟子。他在丹霞天然禅师的门下得法后,迁住于京兆府,于终南山翠微寺担任住持。

有一天,无学禅师正在燃香供养殿堂里的一尊罗汉,一位学僧在旁边看到了,满心疑惑地问道:"老师,我们的师祖丹霞天然禅师教导我们,禅不应执著外相,所以连木佛都可以拿来烧,就是为了要破除众生的我执烦恼。况且,罗汉的阶位尚且不及于佛,您为什么还要供养罗汉呢?"

无学禅师并没有理会他,静静地将手中的线香齐眉一问讯后,插到香炉里,抬头望着罗汉说:"烧也烧不着,供养也任他去供养。"

这名学僧仍然不死心,继续追问:"老师,您每天都这样供养罗汉,那么罗汉有没有消息给你?"

无学禅师忽然转过身，反问他："我问你，你每天还要吃饭吗？"

学僧一时语塞，不知如何回答是好。

无学禅师便喝斥他说："禅，是任运自然，不必分别妄想。烧木佛也好，供养罗汉也好，罗汉有没有消息，有没有来，也都随他去。你只管吃饭，管这许多闲事做什么？"

这名学僧闻言，心里稍有醒悟。

养心法语 ───────────────

丹霞天然禅师本来是一名士子，原本要上京考取功名。后来有位禅师问他一句"选官不如选佛"，他因此端了一盆水，请老师替他剃发出家。后来他为了破除人间的著相，所以有"丹霞烧佛"的故事。

佛像本是用来礼拜的，不可随便烧毁的；丹霞天然禅师他能烧佛像，是因为已证悟自心是佛也。年轻的禅僧还不到这个程度，所以无学禅师才叫他多吃饭，照顾自心，不要管其他的闲事啊！

笑转为哭

　　宋代的黄龙慧南禅师，是江西信州人，曾参学于云峰文悦、石霜楚圆等大德门下。晚年受邀到黄龙山崇恩院开演教法，大振宗风，前往参学者遍及湖南、湖北、江西、闽粤等地。他的教学自成一格，是临济宗黄龙派开祖。日本临济宗之祖荣西禅师就是源自于黄龙派法脉。

　　有一次，慧南上堂说法。一名学僧刚要站出来礼拜，慧南禅师忽然大声说："不要礼拜！"

　　学僧一听，吓得赶紧退回去。

　　慧南禅师笑着说："我还以为是打前锋的将军，没想到竟是一名胆怯的小兵。"

　　慧南禅师停了一会儿，接着说："好了，不责怪你了，你有什么问题提出来吧！"

　　学僧再度鼓起勇气走出来，一问讯后说："'无为无事人，犹是金锁难'，这是为什么呢？"

慧南禅师以一偈回应："一字入公门，九牛拔不出。"

这名学僧仍不明白，还想追问，慧南禅师慨叹地说："过去六祖惠能大师密受衣钵，数百位僧人要将衣钵抢回。慧明仁者追上大庾岭时，惠能大师为他说法，让他心开意解，哈哈大笑。我今天说法，未能让弟子契入，只能笑转为哭了。"

慧南禅师说后，大众虽然没有开悟，但都心有戚戚焉。

养心法语

慧南禅师在禅门五宗七派里，他独树黄龙一派，对禅学的发扬当然有一定的成就。但有时候，遇到一些根性不足的人，难以契合本心，只有慨叹人才难遇。所以，在慧南禅师心中所想的将军，原来都是兵卒，怎能不笑转为哭呢？

德山托钵

佛门中，负责备办大众饮食职务的人称为"典座"，包括菜头、水头、火头、饭头等职务。典座的工作繁杂辛苦，自古许多祖师大德从中淬砺身心，开悟见性，而成为佛门龙象，住持正法，故佛门有"三千诸佛皆出在厨中"之称。

唐朝德山宣鉴禅师的座下，有一位杰出的弟子，叫雪峰义存禅师。当时，他在常住中就是担任饭头，每日做饭给大众吃。

有一天，雪峰在煮饭，看到德山禅师托着钵前来，便问："钟未鸣、板未响，您到哪里去托钵呢？"

德山禅师听了，语带机锋地说："钟板也不要吃饭，何必要钟鸣板响？"

雪峰就盛了一些饭菜给德山禅师，德山禅师说："我还是先去念个供养咒再吃吧！"

雪峰说："你念供养咒的时候，佛菩萨已经把你的饭菜吃了，那您怎么办呢？"

德山禅师回答道："我只有向佛菩萨讨一粒米来充饥啊！"

就这样，师徒之间彼此印心，留下一段禅门美谈。

养心法语 ————————————

一粒米可以充饥吗？不懂佛法的人，吃一碗饭也不会饱，一粒米又哪能充饥呢？但是一个悟道的人，正如经中所说："佛观一粒米，大如须弥山。"他知道这一粒米是集合了宇宙万有的因缘而成，这一粒米要经过多少的因缘关系，才能送到口中。如果有那许多铺地盖地的因缘，都还不能饱，那要什么才能饱呢？

你还未悟

　　宋代临济宗的大慧宗杲禅师在云居山担任首座时，有一天到西积庄办事，一位年轻的云水僧知道了，特地前去向他请法。

　　云水僧向大慧禅师礼拜问讯，恭敬地说："学人因为听闻禅师您讲说'女子出定'的公案，心中有所省悟，特地来请求您为学人作个印证。"

　　所谓"女子出定"公案，是指有一次佛陀说法，一名女子坐在佛陀身旁就入定了。文殊菩萨问佛陀为什么女子能入定，自己却不能？佛陀要文殊菩萨自己引她出定亲问。文殊菩萨绕着女子走三匝、弹指，女子都无动于衷。

　　佛陀说，现在就算有百千万个文殊也没有办法，只有罔明菩萨可以做得到。果真，罔明菩萨至女子前，一弹指后，女子马上就出定了。

大慧禅师听了云水僧的话后，马上喝斥他说："你走吧！你还未悟。"

云水僧愣了一下，接着又继续追问："学人的话都还没有说完，为什么禅师却说我还没有悟呢？"

大慧禅师再次摇摇手说："你走吧！你还未悟。"说完话，就转身走了出去。

云水僧望着大慧禅师的背影，终于了解：因缘不到，就是讲了千言万语，也奈何不得啊！

养心法语 ————————————————

大慧禅师说了学僧还没有悟之后，就扬长而去了。而这个学僧，则看着禅师的背影说，因缘未到，奈何，奈何。其实，这位学僧还真有见地。

因为世间一切法，都是从因缘生，因缘未具，就算开悟，没有人印证，也不能毕业啊！所以，这位学僧只能慨叹自己的福德因缘不够，他并没有责怪大慧禅师对自己不够礼遇。一个真正的禅者，能够往好处想，这就是见地。有见地的人，还愁不能开悟吗？

我也有老婆

北宋的五祖山法演禅师，是四川人，三十五岁出家受具足戒，此后在成都参学，学习百法、唯识诸论，此后又转而习禅，参拜过慧林宗本、浮山法远等禅师，最后在临济宗杨岐派白云守端禅师座下廓然彻悟，同时也继承了他的法要。

得法后，先后住持四面山、白云山；晚年曾到太平山住持，后来，又迁住蕲州五祖山东禅寺教化学人，因为住在五祖山，人称"五祖法演"。他的法嗣弟子很多，以佛眼清远、佛鉴慧懃、佛果克勤最为著名，有"法演下三佛"之称。

有一天，一位在家人特地到五祖山拜会法演禅师。一见面，就跪下来恳求说："禅师，我已舍弃世缘，请您慈悲收容，让我在您的座下出家学道。"

法演禅师认真地看着他，反问："你是如何舍弃世缘的呢？"

在家人回答："我放下了我的妻子，所以我的世缘已舍去了。"

法演禅师说："《维摩经》中有说，智度菩萨母，方便以为父，法喜以为妻，现在，你有妻子你不要，我没有妻子在找妻子。"

在家人吓了一跳，没想到眼前这位大和尚竟然会说出这样的话，一时之间不知该如何应对。

法演禅师哈哈一笑，接着又说："《维摩经》中也说，慈悲心为女，善心诚实男，现在，家庭都具足了，你何必不要他们，反而要到其他地方找这些呢？谁给你这许多呢？"

在家人听了，似懂非懂，于是就不出家了，发心在寺院当义工服务大众。

养心法语 ————————

　　世俗的人，对于婚姻应该要负起责任，自古以来，男女婚姻不是一时的，而是一世的。无论男方或是女方，必须要知道，夫妻是责任，生儿育女也是责任，为世间辛苦奉献，更是责任。你放弃了这些责任，想要到另外的地方再找可爱的夫妻、儿女，哪里会有呢？

可惜，当今有些在家居士没有佛法，只想自了，放弃妻子儿女要去出家，哪里能得道呢？所以，就如《维摩经》中所说，智度菩萨母，方便以为父，法喜以为妻，慈悲心为女，善心诚实男，这是最好的了！

德泽后代

日本的悟溪宗顿禅师，生于足利幕府时代（约14世纪），爱知县尾张人，是日本临济宗妙心寺派下第十一世，东海派的开山祖师。他在年轻时，经常和几个学禅的道友到各地去行脚参学。

有一年夏天，悟溪禅师等人在行脚途中，经过日本第一大淡水湖——琵琶湖，决定停下来休息片刻。暑热的天气再加上口渴，一群人很高兴地掬起水来畅饮，并脱下衣服在湖边洗浴，有的人更是索性跳进湖里泡水。只有悟溪禅师一个人，静静地蹲在湖边，用毛巾小心翼翼地就着湖水擦拭手、脸。

同伴在一旁看到了，好奇地问他："我们一路走来，好不容易有一个这么好的地方，为什么不和大家一起下去冲凉呢？"

悟溪禅师微微一笑，说："这么美好的湖水，我一个人享用太可惜了，不如将这个福分润泽后世子孙。"

从此以后，这段佳话就在行脚僧之间流传着。有人因为他惜福爱物的美德，称赞他是"福之悟溪"，也有人以他这种德泽后人的心胸，赞誉他是"德之悟溪"，据闻他所开创的东海派寺院，从不曾有过缺水的情况。

养心法语

从这一则公案，可以知道悟溪禅师是一个非常惜福，也是很注重环保、爱护大自然的人。一湖清水，怎么可以为了自己冲凉，就随意搅乱了大自然的眼目呢？

就如睒子菩萨说，我每走一步路，都不敢用力，怕踩痛了大地；我每讲一句话，都不敢大声，怕惊醒了大地；我也不忍心丢一点东西在地上，怕污染了大地，睒子菩萨是这样的尊重大自然啊！看来，日本的悟溪禅师和睒子菩萨也是同一流的人物了。

卷二

大地山河，宇宙万有，都是因缘和合的存在，

没有因缘，就没有一切。

唤做糖饼

　　某天，有位学僧到睦州道明禅师那儿去参访，睦州禅师就问他说："你平常都看哪一方面的佛学？"

　　学僧没有隐瞒，老实地回话："学人曾经读过唯识法相。"

　　睦州禅师再问："那么能够讲说唯识论吗？"

　　学僧谦虚地回答道："不敢。"

　　睦州禅师拈起桌上的一块糖饼，分作了两片，问学僧："三界唯心，万法唯识，你怎么说法？"

　　学僧无言以对。

　　睦州禅师不放松，仍然继续追问："这个东西叫糖饼对呢，还是不叫糖饼才对呢？"

　　学僧一听更紧张，汗流浃背地回答道："不可不叫作糖饼。"

　　睦州禅师看了看学僧，随即轻松地问一个侍立在他身旁的沙弥："一块糖饼分作两片，你怎么说法？"

沙弥毫不犹豫，答道："两片留在一心。"

睦州禅师再问："你称它作什么？"

沙弥回答："糖饼。"

睦州禅师忍不住哈哈大笑，说："你也会讲唯识论。"

养心法语

学唯识和学禅，方法和方向都不一样，唯识重知识，重分析，而禅不重知解，不重分析。禅者是直指本心，见性成佛。禅师们的言句幽默，态度亲切，他们不喜欢板起面孔说教，他们有时说东，实在指西；有时打你骂你，实在是爱你护你。唯识家横说竖说，要明唯识义，而禅者的一句："你称它作什么？"曰："糖饼。"已将"三界唯心，万法唯识"表达无遗了。

一橛柴

　　湖南的石头希迁禅师，有一次问一位新来参学的学僧："你从什么地方来？"

　　学僧恭敬地回答："学人从江西来。"

　　石头禅师继续问："啊，你从江西来，那你一定见过马祖道一禅师了？"

　　学僧答道："见过。"

　　石头禅师随意用手指着身边的一橛柴，问这位学僧说："马祖像这一橛柴吗？"学僧无言以对。

　　由于他在石头禅师处，无法契入，所以又回到江西去见马祖，并把他在石头禅师那里，两人的问答情形告知马祖。

　　马祖听过之后，淡然一笑，问学僧说："你看那一橛柴大约有多重呢？"

　　学僧回说："这我没有仔细衡量过。"

马祖说："你的力量实在很大！"

学僧疑惑地问："为什么呢？"

马祖说："你从南岳那么远的地方，背负了一橛柴过来，岂不是很有力吗？"

养心法语

在唐代，青年学僧不是到江西马祖道一禅师处参学，就是到湖南石头禅师处问道，从江西到湖南，从湖南到江西，此即"走江湖"一语的来源。过去走江湖一语，指的是忙碌于参学，现在"走江湖"却演变成以杂耍卖艺维生的意思。

这个学僧在湖南、江西两边来去，搬是说非，而两位大师不为所动，反给他一记当头棒喝。今日某些佛门信徒，从甲寺到乙寺，从乙寺到丙寺，也背负了一橛柴来来去去，不知道重也不重？

明·宋旭·达摩面壁图（旅顺博物馆藏）

每一时间都是黎明，每一挑战都是机会，每一逆境都是考验，每一善行都是创造。

人头落地

有一天，龙牙居遁禅师对德山宣鉴禅师说："假如我现在手中有一把锋利无比的宝剑，我就把你的头砍下来。您觉得如何呢？"

德山禅师一听，立即伸长了脖子，说："你砍吧！你砍吧！"

龙牙禅师听他这么回答，高兴地说："你的头已经被我砍下来了！"

德山禅师闻言，只是哈哈一笑。

这件事情过后不久，龙牙禅师去参访洞山良价禅师，并且将自己与德山禅师这一段对话的经过，说给良价禅师听。

良价禅师静静地听完他的叙述，终于开口问他："当时，德山禅师说了些什么？"

龙牙禅师答："他没有说什么。"

良价禅师说："你不可说他没有说什么，其实，德山宣鉴的头没被你砍下，倒是你龙牙居遁的头，已经被他给砍下来了。"

龙牙禅师忍不住辩解："我的头还在啊！"

良价禅师说："那么，你将德山宣鉴被砍下来的头拿给我看！"

龙牙禅师直到这个时候，才终于真正大彻大悟。

养心法语

龙牙禅师要以宝剑砍下德山禅师的头，说明他已有忘却对方的意念，但是良价禅师却提醒他，其实他反被德山禅师给砍下头了，龙牙禅师辩解头还在，说明了他黏着犹在，尚未斩断对自己的执着。

禅要我们"空诸所有"，但并不是否定所有，而是将宾主对待一如，把自他圆融一体。一旦接触到禅心中道平等的超越境界，则是非虚妄的世界自然就会粉碎。

一目了然

　　法眼文益禅师七岁出家，是五代时候的僧人，为禅宗法眼宗的开山祖师。

　　有一天，文益禅师举了一个事例来教喻学僧们。他说，过去庵里面，有一位长者，在他住处的门上书写了一个"心"字，另外又在窗子上、墙壁上，也分别写上了"心"字。

　　文益禅师对于这位长者的举动评论道："门板上应该要写'门'字，窗子上应该要写'窗'字，墙壁上应该要写'壁'字。"

　　然而，文益禅师的门人玄觉禅师，却不认同这样的看法，他说："门板上不要写'门'字，窗子上不要写'窗'字，墙壁上不要写'壁'字。为什么呢？因为它本来就是一目了然、一看便懂啊！"

养心法语 ————————————————————

　　禅，是当下会意的，它就像我们随处可见的门、窗户及墙壁，一看当下就就明白，根本毋须文字来解释说明。所以，参禅时如果加入了概念思维，那么禅就走味了！

　　参禅的人要懂得方便、善巧，所谓的"法无定法"，能随机应变、灵活运用，才是禅心，何必像此则公案中的长者一般，刻意在有形的门窗上，安立"心"的文字相。因为禅是不能用语言文字道尽的，说破了，就不过是糟粕、知解了。

　　禅门问道，最忌以世智辩聪强加分别。禅师说的话，有的虽然背离常理，可是却是对的；凡人说法，不敢有一字违背佛经，却仍有画虎不成反类犬的谬误。禅，能够当下会意，便能直指人心。

一片菜叶

　　唐朝时有三位禅宗史上很有名的禅师，分别是雪峰义存禅师、岩头全豁禅师、钦山文邃禅师，三人常结伴到各处云游参访。

　　一天，三人走累了，肚子也饿了，很想找个村庄托钵乞食，这时正巧来到一条河边，河面上飘着一片菜叶。

　　钦山禅师说："你们看，河里有一片菜叶，可见上游一定有人居住，我们再往上游走，一定有人家可以吃饭。"

　　岩头禅师也说："你们看这片菜叶还这么新鲜，这么好，就让它随水流走，好可惜啊！"

　　雪峰禅师接着说："这上游的村民这么不知道爱惜物力，轻易让那么好的菜叶随水流走，真不知惜福，不值得我们教化，也不值得我们托钵乞食。我们还是到别处村庄乞化吧！"

正当这三个人，你一句、我一句地在谈论时，忽然看见一个人匆忙地沿着上游岸边飞奔而来。

这人见到三位禅师急忙问道："请问师父，你们有没有看到水面有一片菜叶漂过？我刚才洗菜时不小心，一片还很好的菜叶随水流走了。我现在要赶快把它找回来，不然太可惜了。"

三位禅师听了，哈哈大笑："这些百姓这么惜福，实在很有佛缘，我们就到那边去教化吧！"

养心法语 ————————————

一片菜叶原本不值什么，但是，任何物质在禅师看来，不是物质本身的价值，而是它在心中的价值。所以，禅师们看一花一木，都是整个世界；一沙一石，也能见出所谓的大千世界。虽然是卑微的东西，可是我们都能珍视，都能惜福，世间何物不宝贵呢？

房子在哪里？

《那先比丘经》是一部非常有智慧的经典，其中大部分是述说弥兰陀王和那先比丘问道的经过。

那先比丘从禅修中证悟真理，出言吐语，总是充满了慧思灵巧，甚受弥兰陀王的尊敬。

有一天，弥兰陀王问那先比丘道："眼睛是你吗？"

那先比丘笑着答："不是。"

"耳朵是你吗？"

"不是。"

"鼻子是你吗？"

"不是。"

"舌头是你吗？"

"不是。"

"那么真正的你就只有身体了？"弥兰陀王说。

那先比丘答道："不，色身只是假因缘、假合的存在，不是真我。"

弥兰陀王再问："那么'意'就是你了？"

"也不是。"

弥兰陀王最后问道："既然眼、耳、鼻、舌、身、意都不是你，那么请问你在哪里？"

那先比丘微微一笑，反问道："大王，窗子是房子吗？"

弥兰陀王一愕，勉强回答："光只是窗子不是房子。"

"门是房子吗？"

"不是。"

"砖、瓦是房子吗？"

"也不是。"

"那么，床椅、梁柱才是房子了？"

"当然不是。"

那先比丘安详一笑："既然窗、门、砖、瓦、梁柱、床椅都不是房子，也不能代表这个房子，请问弥兰陀王，房子在哪里？"

弥兰陀王恍然大悟。

养心法语 ————————————————————

弥兰陀王悟了什么？就是佛法的真理：缘起性空。大地山河，宇宙万有，都是因缘和合的存在，没有因缘，就没有一切。世间上没有单独存在，也没有永恒不变的东西，一切都是因缘而生，一切都是因缘而灭。

我们的身体是假四大因缘而和合的，我们的房子也是假种种的因缘而成的，我们可以说活在因缘和合里：缘聚则成，缘散则灭。

能悟"缘起性空"，就能见到禅的风貌。

一休与五休

有一天，有人问一休宗纯禅师："禅师，你什么名字、法号都好叫，为什么偏偏要叫'一休'呢？"

一休禅师听了就回答："一休万事休，有什么不好！"

信徒听了就说："原来一休万事休，那很好，很好。"

一休禅师又说："其实一休不好，二休才好。"

信徒怀疑地问道："二休怎么好呢？"

一休禅师说："生要休，死也要休，生死一齐休，才能了脱生死，所以烦恼也要休，涅槃也要休，二者一齐休。"

信徒听了以后，也体会出这个道理，就跟着说道："不错，不错！二休才好。"

一休禅师又说："二休以后，要三休才好。"

信徒惊奇的问："三休怎么好呢？"

一休禅师说："你看你老婆天天跟你吵架，像只母老虎，最好是休妻；做官要逢迎，也很辛苦，最好是休官；做人处世有争执，最好要休争；能够休妻、休官、休争，有这三休才是快乐之道！"

信徒听了以后，认为很对，就说道："没错！三休真好。"

一休禅师又进一步说："四休才最好。"信徒问道："四休怎么好呢？"

一休禅师答道："酒也休、色也休、财也休、气也休，酒、色、财、气四种一齐休，不是很好吗？"信徒听了也点头同意。

一休禅师最后说："其实这四休还不够，要五休才好。人生最苦的就是我们的肚子要吃饭、要吃菜、要喝水，要这样、要那样，为了这个五脏庙，我们每天就有种种的辛苦；假如把这五脏庙也一块休了，就统统没有事了。"

养心法语

一休禅师和信徒讨论名字，从一休而到五休，真

是反映了人生的现况。为了这个，为了那个，所以
万般休不了。千休与万休，总不如一休，一休万事休，
更莫造怨仇，这就是一休的禅了。

天人送食

世称"南山律师"的道宣大师，专以弘扬律法闻名天下，他一生严守戒律，日中一食，因此感动天神每天送食供养。

与道宣大师同时代的"三车和尚"窥基大师，出生豪门，为玄奘大师的高徒。当时，玄奘大师以独到的慧眼，看出窥基善根深厚，想度其出家。窥基以"一车美女、一车酒、一车书"三项，作为出家的条件，玄奘大师欣然应允，于是窥基便拜在玄奘门下研究佛教经论。

有一天，窥基顿然醒悟：佛法处处是禅悦法喜，何苦为俗事拖累？于是摒除三车，专心于译经讲说，以弘扬法相唯识为使命。

道宣大师敬佩窥基大师的学问渊博与辩才无碍，唯独对"三车"之举，深感不以为然。

有一天，窥基大师经过终南山，顺道拜访道宣大师，道宣大师想借天人送饭的机缘感化他。两人见面，相谈甚欢，不知不觉已过晌午，可是迟迟不见天人送来饭食。等到窥基大师起身离去后，天人才来送食。道宣大师心里很疑惑，询问天人："今日为何迟迟才来送食呢？"

天人回答："没办法，因为有大乘菩萨在此处，万千护法神祇护卫着，我们根本进不来啊！"

道宣大师一听，心中大惊，倍觉惭愧，从此以后，对窥基大师至诚恭敬，不敢再起轻慢的念头。

养心法语 ————————————

窥基大师以心戒为密行，在行住坐卧中落实佛法，是不著修行之相的大乘菩萨。道宣大师持戒精严，但以此傲人，慢心就与清净的本心相违背了。道宣大师想借"天人送食"让窥基大师惭愧，意想不到的是，反而是内秘菩萨行的窥基大师，教化了道宣大师。

无位真人

岩头全奯、雪峰义存及钦山文邃三位禅师，有一天在路上遇到定上座，岩头禅师问定上座："您从哪里来？"

定上座回答："我从临济院来。"

岩头禅师顺口问："临济老师还好吗？"

定上座老实地回答："已经圆寂了。"

三人一听很悲伤，岩头禅师不禁说道："我们三个人，今天特地要去礼拜老师，无奈福德因缘这样浅薄，未能见到老师，老师就走了。可以请您把老师在世时的教诲，说一些给我们听听好吗？"

定上座说："临济禅师常开示说：'在我们肉体中，有一个无位真人，常常从眼、耳、鼻、舌、身、意中出入，你们看到的时候，听到的时候，思想的时候，都可以产生活生生在活动的感觉，没有这种自觉体认的人，就要打开心眼看看。'"

岩头禅师听完后，不自觉伸出舌头，但钦山禅师却说："为什么不称非无位真人呢？"

定上座突然抓住钦山禅师，说："无位真人和非无位真人有什么不同？你说！你说！"

钦山禅师无言以对，脸上青一阵白一阵的。

岩头禅师和雪峰禅师赶紧走上前，向定上座谢罪："这个人是新来参学的，不知好歹，得罪了上座，请原谅。"

定上座于是说："如果不是你们两位说情，今天我便捏死这个初参者。"

养心法语 ————————————

无位真人，这个"位"字是指空间而言，无位真人即是不落空间的绝对真人。那个真人是谁？即吾人之佛性。无位真人即是超越时空的吾人本来面目，暂时委屈地住在我们的肉体之中，其实这时也可以说他是"非无位真人"。

定上座要打钦山禅师，主要是怪他多嘴；无位真人已经难寻难觅，非无位真人又怎么能说是觉悟呢？有了岩头禅师的调和，定上座才认为"无位真人"与"非无位真人"没有给钦山禅师斩断。所以禅门的禅心，你不可以说有，不可以说无，不可以说这边，不可以说那边，两头截断，中道才是禅。

害怕什么？

唐朝漳州（福建）的隆寿绍卿禅师，是雪峰义存禅师的法嗣。他幼年时就出家，曾多方参学，后来他到雪峰禅师驻锡的道场参学，并且担任雪峰禅师的侍者多年。

有一天，隆寿跟随雪峰禅师在山路上经行跑香，这时候，突然吹起了一阵风，使得路旁的野芋也随着风晃动不已。

雪峰禅师看见了，便指着摇动的芋叶，转头对隆寿说："快看啊！"

只见隆寿缩了缩身子，做出惊恐状，说："老师，我十分地害怕！"

雪峰禅师就意有所指地反问隆寿说："这是自家里面就有的东西，你究竟害怕什么呢？"

隆寿听了，当下大悟。不久，便被延请到龙溪去弘法。

养心法语 ————————————————

　　隆寿绍卿禅师所害怕的，并不真的是野芋的随风晃动，而是暗指能令众生堕入恶道轮回的无明业风，可是雪峰禅师却开示隆寿，这是"自家就有的"，也就是说，无明与觉悟，都是由心而起的，并非从外境而来。吾人的这颗心，虽然会起惑造业，轮回生死，但是也能转烦恼为菩提，成就佛道。所谓"烦恼即菩提"，若没有烦恼便没有菩提可得，只要一念能转，由迷转悟，由恶转善，何必害怕呢？如果我们每天的举心动念，都能存正、存诚，有道、有德，无求、无贪，心中的无明恐怖何愁不能对治呢？

公鸡与虫儿

　　有一个七岁的儿童，很喜欢去找无德禅师，和他天南地北地乱说一通。无德禅师不觉得这样子不好，反而认为这个童子出言不凡，常能从他的话里听出一些禅味。

　　有一天，无德禅师对他说："老僧每天都忙，没有时间经常跟你辩论。现在我们做最后一次辩论，假如你输了，你就买饼供养我；假如我输了，就由我买饼和你结缘。"

　　童子听了就说："那请师父先拿出钱来！"

　　无德禅师答："输的人才要拿钱去买饼，胜的人又不需要出钱。"

　　"好吧！老师父您请出题吧！"

　　"假如老僧我是一只大公鸡。"

　　"我就是小虫儿。"童子说。

无德禅师抓住机会，就说："小虫儿，你应该买饼供养我这只大公鸡！"

童子不认输，争辩说："不，该是师父买饼给我吃才对。因为小虫儿看见大公鸡可以飞走啊！"

无德禅师于是请众人来评断："大众呀！请你们为老僧和童子判断一下吧，我们之间谁有理？"

由于大众不能判断，无德禅师于是认真而庄严地说："必须是睁眼睛的禅师才能判断。"

过了三天，大家才发现，无德禅师已悄悄地买饼送给了那位七岁的童子。

养心法语

禅的里面，没有老少、长短、是非、善恶，当然，禅也没有输赢。无德禅师一开始就想赢，但七岁童子却自愿做一个弱者，这表示师徒不可以争论。所以，禅是一个不争论的世界，也是一个规律有序的世界。

飞越生死

有一个学僧道岫，虽然精进于禅道的修持，但始终不能契悟，眼看比他晚来参禅学道的同参，不少人对禅都能有所体会，想想自己实在没有资格学禅，既不幽默，又无灵巧，始终不能入门，心想还是做个行脚的苦行僧吧！于是道岫就打点二斤半的衣单，计划远行。临走时，便到法堂去向广圉禅师辞行。

道岫禀告说："老师！学僧辜负您的慈悲，自从皈投在您座下参学，已有十年之久，对禅仍是一点消息也没有。我实在不是学禅的根器，今向老师辞别，我打算云游他去。"

广圉禅师非常惊讶地问："哦！为什么没有觉悟就要走呢？难道到别处就可以觉悟吗？"

道岫诚恳地再禀告："我每天除了吃饭、睡觉之外，都精进于道业上的修持，我虽用功但就是因缘不合。反观同参的道友们，一个个都契机的回归根源。目前我内心深处，起了一股倦怠感，我想我还是做个行脚的苦行僧吧！"

广圄禅师听了就开示："悟，是一种内在本性的流露，无法形容，也无法传达给别人，更是学不来也急不得的。别人是别人的境界，你修你的禅道，这是两回事，为什么要混为一谈呢？"

道岫说："老师！您不知道，我跟同参们一比，立刻就有小麻雀遇大鹏鸟的惭愧感。"

广圄禅师装着不解似地问："怎么样是大？怎么样是小？"

道岫回答："大鹏鸟一展翅能飞越几百里，而我只能在方圆内的草地上活动而已。"

广圄禅师意味深长地反问："大鹏鸟展翅能飞越几百里，请问它已经飞越生死了吗？"

道岫默然不语，若有所悟。

养心法语 ————————————————————

俗话说："人比人，气死人。"比较计较是烦恼的
来源，怎能通过禅而悟道呢？小麻雀与大鹏鸟虽有
快慢、大小之别，甚至大鹏鸟一展翅几百里，但依
然不能飞越生死大海。禅要从平等自性中流出，一
旦道岫去除了比较计较，回归到平等自性中，就悟了。

一滴润乾坤

大原幽学是日本德川幕府时期的农业改良运动领袖，对于日本农村的改革有相当的贡献。二十七岁时，大原幽学到近江国（今滋贺县）松贺寺参学，一进寺里，便被领到厨房，负责淘米的工作。

一天，提宗和尚到厨房里，忽然间大声喝斥："堕落啊！你给我过来看看！"

大原幽学赶紧放下手边的工作，跑了过去。

只见提宗和尚指着水池，说："你瞧瞧，这一粒米就是你淘米时冲到水池边的，真是暴殄天物，罪过！"

大原幽学擦了擦额头上的汗珠，不知该怎么回应才好。

"不就是一粒米，是不是？"提宗和尚手一挥，说："把算盘拿来！"

大原幽学急匆匆地借了算盘过来，交给提宗和尚。

"一粒米能生出二十四个芽，长出二十四株稻穗，每株稻穗可结出三百粒米，"提宗和尚把算盘交给大原幽学，说："你算算，收割的时候可生出多少米？"

"七千二百。"

"七千二百粒米播种下去，到明天秋天，能收成多少米？"

"五千一百八十四万。"

"第三年呢？"

"啊？"

"第四年、第五年呢？"

"这……"大原幽学忙不迭地拨打算盘，豆大的汗珠在他的额头、脸颊直流。

"你以为一粒米是怎么来的？这个道理都不懂，你真白活了，你呀！"提宗和尚把水池边那一粒米捡了起来，说："你能长到这么大个儿，都是农夫给你的。你若不能从一粒米中悟出个道理，生起一念感恩的心，你就不是人！"

"呐，"提宗和尚把那一粒米放在大原幽学的手上，说："一滴润乾坤，你明白吗？"

养心法语 ———————————————

禅学的思想，融汇了所有的佛教，《华严经》里面说，一沙一石，都包容了三千大千世界；一刹那的时间，也就是无量无边阿僧祇劫；所以世间上，万象诸法其实都是一粒米，哪里要算盘去算？恒河沙界，总在心源啊！

提宗大和尚要大原幽学去体会"佛观一粒米，大如须弥山"的道理，由一粒米去悟道，这就是他教学的开示了。

与佛祖同起同坐

有一天晚上，有道禅师和弟子们在大雄宝殿前的丹墀散步跑香，凉风习习，阵阵的虫鸣蛙叫，无不让人感受到夜晚的清凉美好。

一行人走着走着，有道禅师忽然停下脚步站定不动，然后指着大雄宝殿对弟子们说："你们看，这座大雄宝殿宽大寂静，年年月月只有佛祖安坐其中，其实该有人陪侍佛祖左右，你们当中可有谁愿意睡在大雄宝殿里面吗？"有道禅师停顿了一会儿，接着又说："再说，能够在大雄宝殿内住上一宿，纵使还不能够开悟，也会了解到佛心的。"

这些年轻的弟子们听了，只是面面相觑，没有一人敢开口回答师父的话。因为深山古寺里，即使住在僧堂也犹嫌孤单冷清，更何况是单独一个人睡在大雄宝殿里，谁也没有这个勇气。

有道禅师环视弟子们一眼，见没有人回应，只有说："既然都没有人愿意住在大雄宝殿里，看来只有让佛祖继续孤单下去了。"

待众人解散之后，有个弟子觉一禅僧，他走上前向师父合掌礼拜，问道："师父！夜里大地万籁俱寂，大雄宝殿四下无人，您敢一个人夜宿在大雄宝殿里？"

有道禅师回答："在你们都还未出家的时候，我就不知道有多少的岁月，是陪着佛祖在大雄宝殿里度过的，这话哪还等到你今日才来问我呢？"

觉一禅僧感到非常惭愧，他也将师父的答话转告给众位师兄弟，大家从此以后，都很精进发心，人人都愿意在佛殿里，与佛祖同起同坐，道心更是大为增长。

养心法语 ————————————————

有道禅师由于年轻时参学有所得，才能领导一群弟子山居修行。所谓"朝朝共佛起，夜夜抱佛眠"，能可以与佛祖同起同坐，就可说已进入佛国的净土了。

可惜，一般的人士与佛总有些距离。虽然佛陀一开始就说了："大地众生皆有佛性。"但每个人真正的敢担当与佛无二吗？有道禅师能够领导着这群年轻的子弟，勇于承担，与佛陀同在，也算难得了。

就是这样的滋味

禅门曹洞宗的开山之祖洞山良价禅师，他向来以温和敦厚的语言来教诲学僧，让学僧们慢慢参究，而渐次达到心地光明的境地。

有一天，良价禅师的弟子云居道膺，顶着大太阳，在后院里忙碌地做酱，良价禅师恰巧从旁边走过，看到了就问他说："你在做什么呀？"

道膺恭敬地回答道："老师，我正在做酱呢！"

良价禅师接着问："你说你在做酱，那么你在酱缸里要放多少的盐巴呢？"

道膺回答道："我只不过是斟酌材料的多寡，然后把盐巴洒进去，这样就可以了，并没有一定要放多少啊！"

良价禅师再追问："那么，这样做出来的酱料，会是什么样的味道呢？"

道膺说：“就是这样的滋味呀！”

良价禅师听了道膺的回答之后，点点头，说：“确实，本味最好！”

养心法语

在禅门里，每一位禅者都想找到自己的本来面目，那什么是自己的本来面目呢？像真如、自性、本体、佛心等这种种的很多名相，其实都是自己的本来面目。然而不管是真如、自性、本体或是佛心，又有谁真正找到了其中的消息呢？

就如良价禅师与徒弟之间的对答，只要徒弟能从生活里的劳动服务，从生活里的饮食工作中，体悟只要本味，不计其他，这应该就是获得本来面目的消息了。

回忆是黄昏美景，幻想是黑暗无光，
理念是日正当中，实践是行走山河。

我是良遂

唐朝南岳怀让法系下有一位寿州良遂禅师，他是麻谷宝彻禅师的得法弟子。他刚到山西的麻谷山拜见宝彻禅师的时候，宝彻禅师什么话都没有说，拿起锄头就迳往园圃里去锄草。良遂见状，也紧紧跟在宝彻禅师的后头，一直跟到了园圃里，但是禅师连理都不理他。

宝彻禅师锄完了草，又回到方丈室，就冷冷地把门关了起来。良遂求见不成，还吃了个闭门羹，只好暂时先回到云水寮去。

隔天清早，良遂再次去求见，可是方丈室的门依然紧紧关着。

良遂又敲了敲门，方丈室里的宝彻禅师高声问："门外的人是谁啊？"

良遂应声回答："良遂！"就在这一刻，他心中忽然如电光一闪，顿觉迷惘的虚空粉碎了，良遂接着大声说："和尚，感谢您唤回了'良遂'。过去，我都给经论欺瞒了，一直到今天，才知道自己的本来面目是什么。感谢恩师，良遂在这里向您顶礼了。"

这时，宝彻禅师才开了门与良遂相见，并带领他一起到法堂。宝彻禅师一面指着良遂，一面对堂中的僧众说："你们大家知道的，良遂没有不知道的；而良遂知道的，你们大家都不知道。"

养心法语

一个禅者必须读通千经万论，才能从千经万论的分别智中，觉悟到无分别智，然后才能悟道。所以，禅者不是不读书、不读经论就可以开悟的。就如六祖惠能大师，他可以在无尽藏比丘尼处听了《涅槃经》，就能为她讲解；在《坛经》里，有韶州的法海禅师来讨论"即心即佛"；洪州的法达法师来讨论《法华经》要义；寿州的智通来讨论"唯识"要义；信州的僧智禅师来讨论"如来知见"的问题等等，可见六祖并不是不识字、不解经义的。

良遂在宝彻禅师询问门外是谁时，他回答"良遂"而顿悟，良遂虽然说过去都给经论所欺瞒，实际上，经论也助长了良遂那一刻的悟道。因此，宝彻禅师才会带领良遂前往法堂与僧众相见，并为良遂印证："你们大家知道的，良遂没有不知道的；而良遂知道的，你们大家都不知道。"

大石作砚

　　盘珪永琢禅师是日本江户时代的临济宗僧人。他在年轻的时候，曾经因为精进苦行而体证"无生"的真理，此后，就常以"无生禅"为说法的内容。他的禅法平易近人，既不引经据典，也不谈玄说妙，经常对广大的民众施予教化。

　　盘珪禅师有一位名叫大石的信徒，经常向他参禅学道。有一次，盘珪禅师对大石讲说佛法"无生"的道理，但是大石始终无法理解，于是大石回去以后，就以"无生"为话头，早晚参究。过了一段时间，大石对此渐渐有了一些体悟，再度去找盘珪禅师，希望盘珪禅师能为他作一个印证。

　　大石向盘珪禅师讲述自己的见解："近来对'无生而生，生而无生'这样的道理有所契入……"

　　盘珪禅师颔首不语，只是静静地听大石说完话，顺手拿起身旁的一块石头砚台，顾左右而言他地对大石说："你仔细看，这块砚台，据说是过去平安时代有名的和歌僧人西行法师的作品喔！"

大石看着砚台，说："禅师，这块砚台的本来面目，早在西行禅师未出生前就存在了。"

盘珪禅师点点头，满脸微笑地将手上的石头砚台交到大石手上，说："那么，你终于认识自己了。"大石收下砚台之后，欢喜拜别而归。

养心法语

世间万法都是有生有灭的，就好像人有生老病死，物有成住坏空，而自性是不生不灭的。现在，大石经过多时参修，终于找到自己不生不灭的自性。当盘珪禅师故意告诉大石，石砚是西行禅师的作品，大石则回应说，砚台的本来面目早就存在，意思是本有的自性何须他人雕琢。因此，盘珪禅师便为他印可了。

无意占有

有道老禅师，禅风奇特，不收徒，不纳众，只有一个十五岁起就跟着他出家的侍者，一住就是悠悠二十余年的岁月，共同过着简单的生活。老禅师平日没有讲经说法，没有课徒教训，侍者拿饭来便喂他吃，拿茶来便喂他喝，就这么平常心过日子。

在一个寒冷的冬天，老禅师知道自己时日无多，就把唯一侍者找来，问他："你侍候老僧多少年了？"

侍者恭敬地回答："我记不得岁月了。"

老禅师说："山中无甲子，妙哉！妙哉！"

老禅师一边问话，一边慎重地拿起桌上的一本法卷，说："这么久以来，我没有东西给你，这本书是我恩师传给我的，至今已经是第七代了。现在，我把它传给你吧！"

侍者说："老师您自己受用，不必传了。"

老禅师说："我老了，不传可惜啊！"说着，便顺手把这本书递给侍者："你好好收藏、好好收藏。"

侍者双手接过法卷，忽然间，将之丢入身旁的火炉。在熊熊大火中，法卷化作一阵青烟。

老禅师圆睁着大眼喝问："你在做什么？"

侍者也不甘示弱地回应："你在说什么？"

两人对视之后，彼此哈哈大笑。

养心法语

有道老禅师和侍者，师徒相处多年，虽然平日没有什么语言交谈，可是看起来，他们每日都在相互说法。没有二十余年的时光岁月，没有传法的法卷化为灰烬，没有最后二个人的哈哈大笑，又何能彼此印心呢？所以，禅门的师徒之道，实在是很奇妙啊！

竹篓接雨

镰仓时代的关山慧玄禅师，是信浓（今长野县）人，曾经在建长寺参禅三十多年，并且投在大德寺宗峰妙超禅师门下学习，成为法嗣弟子。慧玄禅师受到花园上皇及后醍醐天皇的尊崇，先后受封为"兴禅大灯"、"高照正灯"等国师名号。花园天皇退位后，将离宫萩原殿改为禅寺，礼请慧玄禅师做首任住持，成为临济宗妙心寺开山祖师，近代明治天皇还封他为"无相大师"。

早年，慧玄禅师隐居在岐阜县美浓伊吹山。有一天，山中忽然下起倾盆大雨，雨势一股脑地倒在年久失修的屋瓦上，不久，大殿便开始漏起雨来。

慧玄禅师一看，大声说："赶快拿东西来接雨。"

众弟子拼命翻箱倒柜，简陋的寺里就是找不到任何可以接雨的东西。

正当大伙儿忙得团团转的时候，突然间，有个小沙弥抓了竹篮子就往外跑。

甲僧问沙弥："你拿竹篮子做什么？"

沙弥说："接雨啊！"

乙僧说："竹篮子怎么接雨啊？"一众人等都哄然而笑。

然而，慧玄禅师却大大地奖励了小沙弥，可是那些忙得团团转的弟子们却被慧玄禅师严厉地训斥。寺中大众认为慧玄禅师有所偏颇，心想：大众忙着找容器，却遭受批评；沙弥拿个竹篮子接雨，竟然受到赞赏，大家认为慧玄禅师实在事理不明，难道禅是这么颠倒的吗？

养心法语 —————————————

世间的事情有深有浅，按一般的常理：漏水了，可以找个容器来盛；但是过量的大雨，就算有容器也接不了那么多的雨水。

寺里的沙弥拿了竹篮子当容器，当然接不住水，水流入于虚空，空就是沙弥的容器。所以在沙弥的心胸里，他看到的是虚空，这岂是一些小鼻子、小眼睛的人所能了解的呢？

慧玄禅师知道沙弥的根器，所以给予他赞赏，而大众不能深见如此，当然就有不同的抱怨。世间事，就是这样常常在半斤八两里认知，不能找寻到真理，故有此病耳。

佛会来吃吗？

　　唐朝宰相裴休是著名的护法居士。他宿信佛教，精研佛法，在唐武宗、宣宗之时，佛教遭逢会昌法难，裴休以重臣身份出面翼护，使得佛教在短短几年间，得以恢复旧观。中年之后的裴休开始茹素，焚香诵经，世称"河东大士"，他曾送儿子到寺院出家，著有《普劝僧俗发菩提心文》一卷。

　　裴休每次到寺院参访，经常会遇到寺院举办法会，所以常常看到一寺大众都忙着准备水果、菜肴来上供，以供养十方诸佛菩萨。

　　裴休十分不解，忍不住问殿主说："诸佛菩萨都有来吃吗？"

　　殿主说："怎么会不来吃呢？如果不来吃，我们这样忙做什么呢？"

　　裴休又问道："既然诸佛菩萨会来吃，但是我看到你们供上去的供品，都没有减少分毫，他们哪里有来吃呢？"

殿主回答道："宰相你当然不会来吃，但是诸佛菩萨他们会吃呀！"

裴休听了殿主的话，似懂不懂，因此，殿主就进一步解释说："十方三世诸佛，如蜂采蜜，但取其味，不损色香。"

裴休闻言，廓然大悟。

养心法语

一般信众平常都会用水果、菜肴来供养三宝，有的人就会想到："诸佛菩萨会来吃吗？"存有这种心，诸佛菩萨就不会来应供。世俗都还有云"心到神知"，你有心供养，还怕佛菩萨不知道吗？因此，有谓"佛法在恭敬中求"，正如《金刚经》的赞偈一开始便说："断疑生信。"所谓心意到了，那么一切就都完成了。

两重公案

蕲州（今湖北蕲春）的北禅寂和尚，号悟通大师，得法于唐末五代的云门文偃禅师。

有一天，一位僧人到北禅院参礼北禅寂和尚，北禅寂和尚就问他："你是从什么地方来的？"

这名僧人恭敬地回答："学人是从黄州（今湖北黄岗一带）来的。"

北禅寂和尚又问："那么，你住在什么寺院呢？"

僧人回答："学人住在资福院。"

北禅寂和尚听了，反问他说："既然你是从资福院来的，你的资粮、福德必定很多吧？"

僧人回答道："不多。'两重公案'，不值一说。"

北禅寂和尚看着他，追问："既是资福院来，总要道个原委吧！"

僧人回答："一是对面千里，二是隔墙有耳；你叫我怎么说呢？"

北禅寂和尚知道来者是个禅门高手，便嘱咐客堂善加接待。

养心法语

"两重公案"在禅宗里面，指的是只知道模仿他人的公案，或拈举或评论，装模作样，可是都不出前贤余话的意思，因为这只是画蛇添足、多此一举。所以，有的禅者拾人牙慧、了无新意，都是两重公案。

现在，这个僧人为了让对方了解我可不是两重公案的人，所以他回答"对面千里"，意思是对面千里，怎么听呢？接着，他又说隔墙有耳，因为隔墙有耳又怎么好说呢？也就是，所问之资福事，前人早就说了，我不必再说。

因此在禅门，只要一开口，人家就知道你有没有了。

这里有菩萨吗？

有一天，沩山灵祐禅师和仰山慧寂禅师一同去牧牛。

休息时，沩山禅师有意试探仰山禅师对佛法的领悟，便指着眼前的牛群问道："你说，在这些牛当中有没有菩萨呢？"

仰山禅师当下会意，知道老师有意考验自己，于是气定神闲地回答道："有的。"

沩山禅师抓紧话头，逼问道："好，既然你说有，是哪一头呢？指出来看看吧！"

仰山禅师在老师面前也不甘示弱地反问："老师，您说，哪一头牛不是菩萨呢？不妨也指出来看看。"

沩山禅师一听，鼓掌说："好汉，好汉！"接着又问："既是菩萨，把他们请回去供起来。"

仰山禅师立刻说："菩萨要在人间服务，何必供起来呢？"

　　沩山禅师再一次说："好汉,好汉！"然后又再问："既是在人间服务的菩萨，怎么都不说法呢？"

　　仰山禅师回答："禅者，无法可说。"

　　沩山禅师不觉再说一次："好汉，好汉！"

养心法语 ————————

　　二千六百年前，佛陀在菩提树下金刚座上开悟后所发表的第一句话就是："大地众生皆有如来智慧德性。"牛群是众生，又怎么不是佛菩萨呢？这不是说哪一头牛是菩萨，而是所有的众生都是菩萨。沩山禅师原本想把仰山禅师逼到角落上，让他难以还手；哪知道，徒弟仰山禅师也不是等闲之辈，再回敬老师一招："老师，您说，哪一头牛不是菩萨呢？"意思是，老师你何必只见一个，不见全体呢？所以，沩山禅师连续三称："好汉，好汉！"就是肯定仰山禅师。他们师徒二人平常论道，都是这样语带机锋，各自交心。

好一座僧堂

有一天，黄龙慧南禅师带着弟子隆庆庆闲禅师巡视新建成的僧堂。走了一圈之后，慧南禅师赞叹道："好一座僧堂！"

庆闲在一旁听了，也跟着说："好一座僧堂！"

慧南禅师回过头看了庆闲一眼，问道："那你说，这座僧堂好在哪里？"

庆闲回答："老师，您看，整个建筑群的一梁一柱，就像佛法灯灯相续，绵延不绝。"

慧南禅师摇摇头说："不对，这座僧堂的好，不是好在这里。"

庆闲好奇地问："那么老师，您认为是在哪里呢？"

慧南禅师指着前方的柱子说："你看，这根柱子做得这么圆，那根柱子做得那么扁，这是什么道理？"

庆闲说："柱子要做成圆的，或方的，或扁的，就如人的一生，随着他的因缘环境而有不同的结果，这个问题太高深，只有老师您能回答。"

两个人一边说，一边慢慢地走到僧堂外面。慧南禅师忽然停下脚步问庆闲说："你将来悟道以后，要如何接引众生？"

庆闲认真地回答："就像这些梁柱一样，遇方则方，遇圆则圆。对方是什么样的根基，就给他什么样的佛法。"

慧南禅师点点头，称许庆闲说："很好！你已经能灵活运用佛法的心要了。"

养心法语

僧堂建好了是"相"，看到相，是表面，"用"在哪里呢？慧南禅师问学僧柱子做成圆，做成方的道理，意思是僧堂的功用是要契理契机。学僧终于从老师的话中了解，一座寺院里面的佛殿、僧堂，不只是供养佛像、让僧侣居住，它的主要功用是在弘法利生。好比远途的旅人，可以借着休息充实饮水粮食。因此，替众生加油，这才是僧堂的功用啊！

说了你也看不见

瑞州黄檗山的无念深有禅师是明朝时候的僧人，俗姓熊，黄州麻城（今湖北境内）人，十六岁时披剃出家。

有一天，有一位云水僧前来向无念禅师参问道："请问禅师，一个人如果参禅有所得，能够见到佛性，是否就算是成佛了呢？"

无念禅师简捷地回答他说："是的！"

云水僧听了，非常疑惑不解地追问无念禅师说："可是佛性是无形的，又怎么能够看得到呢？"

无念禅师看了云水僧一眼，摇摇头说："你说错了！佛性是有形的，只不过你看不见罢了。"

无念禅师这么一回答，云水僧更加不明白了，问道："如果佛性真是如您所说，它是有形的，那么，现在可否请禅师指出来看一看呢？"

无念禅师沉默了一会儿，微笑看着云水僧说："就算我说了，你还是看不到啊！"

云水僧至此于言下有所领会，便作礼而退。

养心法语

佛性真如，是人人本具，个个不无的。就算你看不到，也不会减少一分一毫；你看到了，也不会因此而增加一分一毫。大地山河，一切法界，无一不是佛性的流露，明眼人怎么会说看不到呢？即便是珍珠钻石，如果你不识宝，就是你拥有它，你也不知道它的价值啊！

真如佛性，不是说有说无的境界，真如佛性，是离开语言文字的，必须要超越了一切，那自然就会在当下现前了。

力气使尽

　　唐代的浮杯禅师，是马祖道一禅师的法嗣弟子。

　　某天，有一位在家女居士凌行婆去拜访浮杯禅师，浮杯禅师招呼她坐下来喝茶。

　　凌行婆问他："禅师，即使费尽力气也做不成的事情，还可以请谁来帮忙呢？"

　　浮杯禅师摊开双手，微微一笑说："我一切都完成了，你还要我做什么？"

　　凌行婆听了，语带讥讽地说："传闻浮杯禅师机锋稳健迅速，老婆子我还没来这里时，就非常怀疑这样的说法呢！"

　　浮杯禅师知道眼前这位妇人是来勘验自己的，便反问："如果你还有未完成的，你该委托什么人呢？"

　　凌行婆说："只有委托你了。"凌行婆看浮杯禅师没有回答，也没有进一步的动作，只好接着又说："我痛哭三天，看你睬也不睬？"

浮杯禅师说："不要哭，不要哭！"

语毕，二人同时哈哈大笑。

养心法语 ————————————————

在唐宋时代，除了禅门的高僧以外，在家信者高层次的也很多，例如庞蕴居士、大文豪苏东坡等人。这一位凌行婆，看来也是一位不简单的人物，她出口就问浮杯禅师，费尽力气也做不成的事，你能帮助我什么吗？浮杯禅师两手一摊，表示自己一切都完成了。因为，禅者都靠自己解决问题，一切都靠自己完成，别人是帮不上忙的。等于吃饭，人家能帮我吃饭吗？睡觉，人家能帮我睡觉吗？凌行婆想把自己所悟的道，请浮杯禅师来印证，却转弯抹角，最后才把主题说了出来。禅门，有的直来直去，有的也有转弯的余地，就看双方对阵，是怎么样的阵势了。

是谁在骗人？

福建漳州的保福从展禅师，是唐末五代临济宗的僧人，年少的时候，即依止雪峰义存禅师参禅并且得法。后来，应漳州刺史王钦的礼请，前往福建龙溪保福山开山，一住山就是近十二年，依止他参禅学道的人，多达七百余人。

有一天，从展禅师看到一位学僧从他的面前经过，便叫住他，问道："你是做了什么功德福业，才会长得这么高大啊？"

学僧知道老师有意试探他，当下调皮地说："禅师，先不说学人为什么会长成这样，那么您究竟是矮了多少呢？"

从展禅师立刻躬身蹲了下去，做出很矮的样子。

学僧看了禅师这个举动，忍不住笑出来，说："老师，你别再骗人了。"

从展禅师这时一脸正经地回应他："不是我在骗人，是你在骗人。"

学僧被禅师这突如其来的话吓了一跳，急忙说："我身高虽高，但我没有骗人啊！"

从展禅师严肃地说："你以为你是丈六金身，这还不是骗人吗？"

养心法语 ————————

世间上，各行各业都有骗人的事情发生，以一句慨叹的话来说"古今一骗"也不为过。就是修行悟道的人，有些是真的大彻大悟，有的则冒充行家，这也不是没有啊！究竟是不是行家，假如你遇到真的行家，只要一开口，就知道你有没有了。

悟道，是不能骗人的，学问，四两可以勉强冒充半斤，但是悟道，四两就是四两，半斤就是半斤，是不能骗人的喔！

因有才借

唐朝时候，潭州（湖南）道吾山的圆智禅师与椑树慧省禅师，二人曾经同在药山惟俨禅师的座下参禅。由于彼此的禅法功夫相当，经常在道业上相互勉励。

有一天，道吾禅师才刚从外面回来，椑树禅师开口便问他："你到哪里去了？"

道吾禅师说："去探望一位大德。"

椑树禅师接着又问："你去看他，有什么目的吗？"

道吾禅师说："去向他借个东西。"

椑树禅师不以为然地说："他有的东西，你可以借得到；他没有的，你要怎么借呢？"

道吾禅师向他眨了眨眼，俏皮地说："就是因为他有，所以我才去借啊！"

榡树禅师说："难道你自己没有吗？"

道吾禅师知道遇到高手了，就回答他说："有、无都一如也！"

养心法语 ————————————

道吾禅师在药山惟俨禅师座下，也是一位重要的人物，现在遇到同参道友榡树禅师忽然跟他打起禅门的机锋来了。榡树禅师问他到哪里去，道吾禅师回答，向长老借东西去。因为在生活里面，每个人总需要一些衣食住行的杂物，但是榡树对道吾去借什么东西他不问，只是打个机锋："难道你自己没有吗？"意思是，真如佛性还可以借吗？

道吾禅师也知道对方有意借禅机刁难，为了不甘示弱，只有总结说一句："有、无都一如也。"也就是说，不论有和没有、你的我的，都平等一如也！

卷 三

能够看到自己，心就不会被我相、人相、众生相、寿者相等「四相」所迁。能以闻思修进入禅定，何患修道无成呢？

佛在何处？

唐顺宗有一次问佛光如满禅师道："佛从何方来？灭向何方去？既言常住世，佛今在何处？"

如满禅师答道："佛从无为来，灭向无为去。法身等虚空，常住无心处。有念归无念，有住归无住。来为众生来，去为众生去。清净真如海，湛然体常住。智者善思惟，更勿生疑虑。"

顺宗皇帝不以为然地问："佛向王宫生，灭向双林灭。住世四十九，又言无法说。山河与大海，天地及日月。时至皆归尽，谁言不生灭？疑情犹若斯，智者善分别。"

如满禅师进一步解释道："佛体本无为，迷情妄分别。法身等虚空，未曾有生灭。有缘佛出世，无缘佛入灭。处处化众生，犹如水中月。非常亦非断，非生亦非灭。生亦未曾生，灭亦未曾灭。了见无心处，自然无法说。"

顺宗皇帝听后非常欣悦，对禅师益加尊重。

养心法语 ————————————————————

有人常常问道："阿弥陀佛在西方净土，药师佛在东方世界，那么释迦牟尼佛现在又在哪儿呢？"其实释迦牟尼佛正在常寂光净土，而常寂光净土又在哪里呢？这种问题，经禅者答来，就非常活泼，因为有心，看到的是生灭的世界，那是佛的应身；无心，看到的是不生不灭的世界，那才是佛的法身。无心就是禅心，唯有用禅心，才知道佛陀真正在哪里。

"有缘佛出世，无缘佛入灭"，灭不是生灭的灭，灭是涅槃境界。在常寂光净土则灭除一切烦恼、差别、对待，是绝对解脱快乐的寂灭世界，那就是佛的世界。

卖油翁

有一天，赵州从谂禅师到桐城县，与安徽舒州的投子大同禅师相遇在投子山，赵州禅师问对方说："您是投子山主吗？"

大同禅师将手摊开说："盐、茶、油，请随意买一些。"

赵州禅师根本不理睬他，直接快步走到寺庵，大同禅师随后也提着一个油瓶，回到了庵中。赵州禅师一见，不以为然地斥责道："久闻投子山大同禅师之名，原来只是一个卖油翁。"意思说，你是大名鼎鼎的禅师，不去弘扬禅道，怎么到外头卖油。

大同禅师不甘示弱地回答："我也久闻赵州禅师的盛名，原来是个俗人！你只认识卖油翁，却不认识投子山主！"

赵州禅师反问："我何以是个俗人？"

大同禅师答："因为你不认识投子，所以我说你是一个俗人。"

赵州禅师再问："那如何是投子？"

大同禅师提起油瓶说："油！油！"

后来投子山的胜因禅院就是由大同禅师所开山。

养心法语

大同禅师在圆寂前曾说："吾塔若红时，即吾再来。"一百余年后，信徒修塔，果然发现玛瑙色的舍利塔，这时投子义青禅师恰巧也来投子山胜因禅院挂单，于是大家都称他为"开山再来"。义青禅师并作有开山塔颂："白云锁不住，青峰以何收？月色笼寒塔，松声半夜秋。"

义青禅师其实就是大同禅师的再来人。舒州太守杨杰曾赞叹大同禅师说："一只履，两片皮，金莺啼处木鸡蜚，半夜卖油翁发笑，白头生得黑头儿。"如何是投子？油！油！柴米油盐日常生活的亲切处，就是投子禅师的法脉渊流，这正所谓禅不能离开生活。

克服困难，便能获得良机；
掌握机缘，便能获得成功；
忍辱谦让，便能获得人缘。

真假妄语

　　大德道光禅师有一次问大珠慧海禅师：“禅师！您平常用什么心修道？”

　　慧海禅师说：“老僧无心可用，无道可修。”

　　“既然无心可用，无道可修，为什么你每天要聚众劝人参禅修道呢？”

　　慧海禅师：“老僧我上无片瓦，下无立锥之地，哪有什么地方可以聚众？”

　　道光禅师：“事实上，你每天都在聚众论道呀，难道这不是说法度众？”

　　慧海禅师：“请不要冤枉我，我连话都不会说，如何论道？况且，我连一个人都没有见到，怎么说我在度众呢？”

　　道光禅师非常不解：“禅师，您这可打妄语了！”

　　慧海禅师：“老僧连舌头都没有，怎么会打妄语呢？"

"难道这个世间，你和我的存在，还有你参禅说法的事实，都是假的吗？"

慧海禅师："那一切都是真的！"

"既是真的，你为什么都要否定呢？"

慧海禅师说："假的要否定，真的更要否定！"道光禅师终于大悟。

养心法语 ——————————————

说到真理，有时要从肯定上去认识，有时也可从否定上去认识。如《心经》所说："色即是空，空即是色，受想行识，亦复如是。"这就是从肯定中认识人生，认识世间。

《心经》又云："无眼、耳、鼻、舌、身、意，无色、声、香、味、触、法。"这就是无六根、六尘。无六根、无六尘，就没有主观的自我，也没有客观的境界，这是从否定中来认识人生，认识世间。

慧海禅师的"否定一切"，不是妄语，因为否定一切，才是肯定一切。所以，学禅的人，有时候从否定里肯定，有时从肯定里否定，那都是禅！

到处是路

有一天，洞山良价禅师前去探望罹患重病的学僧德照。

德照一见良价禅师，就凄楚地说："老师，您忍心看着弟子就这样不明不白地死了吗？"

良价禅师问："你是谁家的弟子？"

德照回答："我是大阐提（比喻无佛性之人）家的弟子。"

良价禅师两眼逼视着德照，沉思不语，德照非常焦急，就问道："当四面的高山向我逼近时，老师，我该如何是好？"

"我以前也是从人家屋檐下走过来的。"

"那么，我和老师在屋檐下相遇时，要不要互相回避呢？"

"不必。"

"假如不回避的话，您又要叫我到哪里去呢？"德照着急地问。

良价禅师指示说："五趣、六道、十法界，到处是路，你何必忧虑？如果你不放心的话，可以去垦地种粮。"

德照听了以后，就说："老师，请珍重！"然后就坐定入灭了。

良价禅师叹息："你虽然能这样出去，但是却不能这样回来呀！"

养心法语

德照世缘尽时，仍不忘寻找生死之外的出路，就如他说的，当生老病死逼近时，要如何才好呢？良价禅师指示他"到处是路"，可是哪一条路才是正路？这就不是人人可以找到的。垦地种粮，就是我们还要补因、种因、修因，这才是修道者应该注意的课题。

德照安心入灭，是因为他已经找到了出路。可是，正如良价禅师所说，他出得去，却回不来。可见就算是一个禅者，要能来去自如，生死自如，确实不是一件容易的事。

死而复活

南泉普愿禅师有一次在打坐时，突然大吼一声，侍者吓了一跳，赶紧走到南泉禅师的身边问道："老师，您怎么了？"

南泉禅师说："你去涅槃堂看看，是不是有人圆寂了。"

侍者在半路碰巧遇到涅槃堂堂主，于是相偕向南泉禅师报告：刚才确实有一位云水参学的禅僧圆寂了。话才刚说完，就看见一位知客僧匆匆跑来，向南泉禅师说道："刚才圆寂的禅僧又复活了。"

南泉禅师问道："那么他现在怎么样啦？"

知客僧就说："他想求见老师。可是那禅僧一向不知修福，不肯结缘，所以大家都不太愿意帮他忙。"

于是南泉禅师亲自到涅槃堂，探望这位生病的禅僧，他问禅僧道："方才你到哪里去了？"

禅僧回答："我到阴间去了！"

南泉禅师再问："阴间的情形如何？"

禅僧回答："我大约走了一百里路，就手脚疼痛得走不动，尤其喉咙干渴得很。此时，忽然有人叫我进去大楼阁里，因我实在累了，很想进去休息。哪知才一上楼，就有一位老僧对我怒吼，不许我上去，吓得我抽身往后倒下，所以我现在才能再见到老师。"

南泉禅师说道："那是一所多么富丽堂皇的大楼阁呀！但是没有积聚福德，怎能进去？假如你不是遇见老僧，恐怕早已钻进地狱受苦了。"

这位禅僧从此日夜不停地积德修福，活到七十多岁才安然坐化，人称"南泉道者"。

养心法语

南泉禅师在定中可以上天，也可以入地，所以他在定中大吼一声，能把已死的人送回阳间。有人说禅师们经常违逆人情，但如南泉禅师如此关爱弟子，甚至对将下地狱的人，也再给他一次重生的机会，哪里是不通人情？

　　禅不是完全违逆人情，也有随顺人情的一面，甚至是非常通达人情的。

除却心头火

宋朝时，有一位久战沙场的将军，他实在厌倦了战争，很想剃度出家。他去拜访大慧宗杲禅师，禅师劝他不必出家，留在社会上、家庭中奉行佛法也是一样，不过将军十分坚持，表明已看破了红尘，请禅师慈悲收留。

大慧禅师说："你有家庭、有妻子、有儿女，而且社会习气太重，所以不能出家。"

将军说："我现在什么都能放下，妻子、儿女都不成问题，请您即刻为我剃度吧！"大慧禅师还是没有答应。

有一天，将军起了一个大早，到寺里礼佛，大慧禅师就问："将军，今天怎么这么早就来拜佛呢？"

将军学着以禅偈来回答："为除心头火，起早礼师尊。"

大慧禅师就开玩笑地回应："起得那么早，不怕妻偷人？"

　　将军听了非常生气，粗暴地大骂："你这老怪物，讲话太伤人！"

　　禅师哈哈一笑说："轻轻一拨扇，性火又燃烧，如此暴躁气，怎算放得下？"

　　意思是说，我不过才一句话，你心中的瞋火就烧起来了。像这样不能忍耐、容易暴躁，怎么能说放得下？

养心法语 ————————————————

　　我们常说"放下，放下"，不是口说放下就能放下，有时"说时似悟，对境生迷"，习气也不是说改就能改的，正所谓"江山易改，本性难移"。

　　做人，最好能像手上拎的皮箱，有时候皮箱要提得起，但是，到了目的地以后，皮箱也要能放得下。有的人提得起，放不下；有的人放得下，提不起。

　　奉劝想学道者，莫因一时之冲动而贻笑他人。

145

老婆心切

临济义玄禅师在黄檗希运禅师座下参学三年，不曾一问，后来受睦州道明禅师鼓励，前去法堂请示黄檗禅师"什么是祖师西来意"，前后问了三次，三次都挨了打。临济禅师百思不解，深感自己根钝，业障太重，不能彻悟，于是辞别黄檗禅师下山参学。

临济禅师到江西请谒高安大愚禅师，大愚禅师问："黄檗禅师近来有什么法语教你？"

临济禅师就将三次请问、三次被打的经过全盘托出，不明白自己究竟错在何处。大愚禅师大笑："黄檗啊！黄檗！你未免太老婆心切了，你为弟子这样的解除困惑，而他居然还到我这里问有无过错？"

临济禅师听后，忽有所悟，说："原来黄檗佛法无多子。"意谓黄檗的佛法，原来不是那么简单。

大愚禅师一把抓住临济禅师，喝问："刚刚你才

146

说百思不解，现在却说黄檗的佛法不那么简单，你究竟知道了什么？快说！快说！"

临济禅师不答，却朝大愚禅师肋下打了三拳，大愚禅师也不还手，只是微笑着慈祥地说："现在既已明白，还不快回去谢谢老师的苦心教导。"

临济禅师又回到黄檗禅师处，黄檗禅师看到他回来，就说："来来去去，没有一个了期！"

临济禅师说："只因老婆心切。"接着将自己向大愚禅师请教的经过，告诉黄檗禅师。

黄檗禅师说："这个多事的大愚，等他来时，要好好打他一顿。"

临济禅师马上回答："还等什么？要打现在就打……"说完就劈头一拳向黄檗禅师打过去。

黄檗禅师没有生气，却笑逐颜开地说："只有你才能回报我对你的恩情。"

养心法语 ————————————————

打骂，本是最粗鲁的行为，但禅师们用来传达消息，甚至还说这是"老婆心切"，而弟子回打老师，老师非但不生气，认为这才是回报他的恩情。如果就世俗来讲，"打是情，骂是爱"，慈母棒打爱儿，是"爱之深，责之切"，何况禅者超越一般世俗的形象，打骂更能表达他们的禅心。

错用心

八仙中的吕洞宾，有一次路过黄龙山，看到紫云成盖，心想山中必有得道之人，便一路寻访来到了黄龙诲机禅师的寺院，看到寺内正在击鼓升座，于是也随着大众进到法堂内听法。

诲机禅师正要说法，忽然看到吕洞宾，厉声说："今天有人来盗法！"

吕洞宾马上走出来，向诲机禅师作揖，并问："'一粒粟中藏世界，半升铛内煮山川'是什么意思？"

诲机禅师指着他骂："你这个守尸鬼！"

吕洞宾得意地说："我有长生不死的灵药！"

诲机禅师不客气地直言："就算能长生不死，可是活到八万劫，一样不免一死，仍然无法得到真正的解脱。"

吕洞宾听了又惊又怒，以飞剑刺向诲机禅师却刺不进，心里一惊，赶紧礼拜悔过，请海机禅师指点解脱之道。

海机禅师说："'半升铛内煮山川'就不谈了，但你知道什么是'一粒粟中藏世界'？"

吕洞宾一听，言下大悟，便说一偈：

弃却瓢囊摵碎琴，如今不恋水中金，

自从一见黄龙后，始觉从前错用心。

养心法语

禅者重悟道解脱，不重神通，吕洞宾虽然有神通变化，能长生不老，终究无法得到真正的解脱。其实，仙家所追求的长生不老，不过是相对于一般人的数十寒暑来说，千万年后仍然不免一死。

从佛教缘起的观点来看，生命本来就是无始无终，生与死只是一体之两面，生是死的肇端，死则是另一期新生的开始。人活着并非只求色身的永存，而在于能否活出生命的意义，与其想尽办法留住这个必定会有生老病死变化的色身，倒不如把握当下，活得清楚充实。

般若船

有一位学僧问天台德韶禅师：“想要进入无为海，须先乘坐般若船。请问什么是般若船？”

德韶禅师回答：“常无所住，即不执于一处。”

学僧又问：“什么是无为海？”

德韶禅师答道：“须先领会般若船。”

“古德有云：‘登天不借梯，遍地无行路’，什么是登天不借梯？”

“不滞留一处。”

学僧问：“那什么又是‘遍地无行路’呢？”

德韶禅师忽然对学僧大喝一句：“刚刚我对你说什么？”

学僧惶然不解。

德韶禅师见学僧未解禅意，只得老婆心切地说：“百千三昧门、百千神通门、百千妙用门，都不出般若海，为什么？因为都以无住为本来建立诸法。所以，一切的生灭、去来、邪正、动静等千变万化，都不出诸佛大定门。"

养心法语

般若智慧是帮助我们度过生死苦海，到达涅槃彼岸的船筏，所以称为"般若船"。它可以使我们由"迷"的此岸到达"觉"的彼岸，如果没有般若，就无法与真理相应；如果没有般若，就无法开发智慧，由此可知般若智慧的重要。

定门，又称禅门。学禅，最主要是向自心去参，去探究我们的本来面目。通过"禅"，能开启我们的般若智慧，所以禅不可不参，禅不参则心地不明。有了般若，就不会执著于世间有为法的生灭相，就不容易被苦乐所动摇，因为般若有知苦灭苦、观空自在的功用，能让我们看清世间的实相。

心道一如

　　某天，有一位远禅师询问司空山的本净禅师说：“请问禅师，如果依您的看法，什么是道呢？”

　　本净禅师回答：“无心是道。”

　　远禅师质问道：“道因心有，怎么说无心就是道呢？”

　　“道本无名，因心而有‘道’的名称；如果心有名称，那么‘道’就不会是虚无的。既然穷究心是无，那么道又是依凭什么而建立的呢？此两者都是虚妄的，都不过是假名而已。”

　　远禅师又进一步诘问：“禅师现有的身心，就是道吗？”

　　本净禅师肯定地回答：“山僧的身心本来就是道啊！”

　　远禅师反问：“刚才禅师您说无心是道，现在又说身心本来就是道，这岂不自相矛盾？"

本净禅师一听，不禁哈哈大笑，说："无心就是道，心灭则道无；心与道一如，所以说无心是道。再者，身心本来是道，道也本来是身心，身心本是空，道穷源亦无有。"

远禅师说："禅师看起来身躯矮小，却能会悟此理。"

本净禅师答："大德，您只见山僧相，不见山僧无相，见相者是大德所见，经上不是说，凡所有相皆是虚妄，若见诸相非相，即悟其道。若以相为实，穷劫不能悟道啊！"

养心法语

本净禅师向来接引学人，都以"即心是佛，无心是道"为心要，作为入道的法门。佛在心中，道就在当下，无心即无想、无念、无所求。远禅师无法体会本净禅师所说的"无心是道"，又执迷于身心是道或非道，因此禅师才提示他，凡所有相皆是虚妄，若能见诸相非相，就能悟道。

155

禅，是自然天成的本来面目，凡一切事，毋须刻意用心，因为有心就着相，无法与禅心相应。

豆腐禅

以前有一个卖豆腐的老王，经常挑着豆腐到寺院里来卖。每次经过禅堂的时候，他心里老是觉得纳闷："奇怪，为什么上百人待在房子里，居然能够一点声音都没有呢？"所以，他一直很想进去一探究竟。

古代寺院的禅堂规矩森严，哪里能容得一般人随便进出。因此，他不断地向香灯师说好话，央求香灯师同意让他进去禅堂里看一看。

最后，香灯师终于说："好吧！你可以进去，但是你必须在里头坐香参禅。"老王听了，高兴地点点头，于是香灯师就在一个角落边上，给老王找了一个蒲团让他端坐，并且教他如何眼观鼻，鼻观心。

开始坐香之后，偌大的禅堂里非常安静，老王很好奇这许多人怎么都能够静坐不动，因此他不停地左顾右盼，四处张望着，根本没办法眼观鼻，鼻观心。

到最后，终于没有东西可以让他张望了，只有依样画葫芦，跟着别人一样闭起眼睛来参禅。

时间一久，实在闷得无聊，老王也不知道该怎么办。可是随着时间的流逝，慢慢地，他的心开始沉静了下来。所谓"静而能定，定而生慧"，老王忽然想起三年前，隔壁的张老头向他买了十块豆腐，每块豆腐是五毛钱，至今那五块钱都还没有给。

老王感到非常的欢喜，离开禅堂之后，他逢人就说："参禅真好啊！让我想起张老头欠我的五块钱还没有付，你看，参禅坐一支香还能赚回五块钱呢！"

养心法语 ————————

这是禅门里很有名的豆腐禅故事，参禅不是打妄想，也不是要让我们回忆往事。只是，我们也可以从这段故事中，学习到一点禅门的消息。

人在动乱中，常会忘失了自己。但在寂静的时候，好像水没有风浪，一旦平静澄清了，就可以看到水底；同样地，心静了下来，心海无波，就可以看到自己的内心。

能够看到自己，心就不会被我相、人相、众生相、寿者相等"四相"所迁。能以闻思修进入禅定，何患修道无成呢？

无男女分别相

唐朝的幽州谭空禅师是临济宗的僧人，为临济义玄禅师之法嗣。

有一位比丘尼，历经多年的行脚参学之后，回到镇州（今河北正定），准备开堂说法。当时，镇州牧就请谭空禅师验证这位比丘尼是否真有所悟。

谭空禅师问道："听说你准备开堂说法，这件事可是真的？"

比丘尼恭敬地回答："是真的！"

谭空禅师接着就说："女众有五障之身，不能开堂说法。"

这个比丘尼引《法华经》中八岁龙女成佛的事迹，反问道："以前，龙女虽然只有八岁，却往南方无垢世界成等正觉。禅师！请问龙女成佛，又有几障？"

"那好，"谭空禅师拄杖一振，说："龙女现十八变，你倒变一变看看！"

比丘尼回答："我又不是野孤精，能变个什么？"

谭空禅师双眼一瞪，举起拐棍就想打过去。

比丘尼则说："劳驾您这一棍，把一些妖言惑众的人打到三界外去。"

谭空禅师闻言，哈哈大笑而去。

养心法语

佛陀成道的时候，第一句宣言就说一切众生平等，皆有如来智慧德相；佛经里也不断喝斥对男女相的分别心，不管禅也好，道也好，都是不分男女的。

佛世时，大爱道比丘尼是最受比丘尊敬的长老，莲华色比丘尼的神通可与目犍连媲美；优波遮罗证悟空慧，是连舍利弗尊者也都赞许的。故而，哪有比丘尼就不能开堂说法的道理？若说女人有五障，难道男性就没有业障吗？

佛法在恭敬中求，不仅不应说人之短，也不可炫耀己长。那么，谭空禅师大笑而去，究竟是惭愧呢？还是欢喜呢？

人人皆佛也

唐朝的南阳慧忠国师，是一位通达经律的禅门大德。他十六岁时，就因仰慕六祖惠能大师之名前往曹溪参拜，获得心印之后，隐居在南阳白崖山党子谷，四十年不曾下山，受到唐代三朝皇帝（玄宗、肃宗、代宗）的敬重，而被尊为国师。

鱼朝恩，唐玄宗时入宫为太监，后来得到肃宗皇帝的宠信重用，担任天下观军容使一职。

一日，鱼朝恩前来访问慧忠国师，问慧忠国师说："有人说，禅师如佛，请问你是佛吗？"

慧忠国师回答："佛者，没有你我，人人皆佛也。"

鱼朝恩自恃自己的权势地位很高，心中傲慢，听了此话以后，非常不以为然，便想再有所反诘，他还来不及开口，就听到慧忠国师问："我听到有人说观军容使您是天子，这是真的吗？"

鱼朝恩一听，知道此话一回答，很容易使自己犯下大逆不道之罪，便赶快跪下来说："死罪，死罪。"

　　慧忠国师又再问道："观军容使既不是天子，那就是庶民了？如是庶民，何能傲慢？"

　　鱼朝恩一副骄横的神情立刻就变了。

养心法语 ————————————

　　佛是人成的，人人是佛，此理易明。

　　天子也是人做的，但皇权不容侵犯。就是骄横一时的鱼朝恩，虽然欺压善良，但也不敢自为天子。

　　其实，佛法平等，人人是佛，大地众生皆有如来智慧德相，何用权势加之于人呢？

何谓菩萨？

唐朝时，有一位年轻的禅僧，久闻长沙景岑禅师的大名，便前来参访。

他第一句话问景岑禅师的就是："谁是文殊？"

景岑禅师说："你是。"

禅僧又问："谁是普贤？"

景岑禅师回答："你是。"

禅僧再问："那谁是观音？"

景岑禅师仍然答道："你是。"

禅僧很茫然地问道："那谁是地藏？"

景岑禅师还是回答："你是。"

不论这位禅僧问什么，景岑禅师的回答都是"你是"这两个字。

禅僧终于很怀疑地问："禅师您的话，我没有办法领悟。"

景岑禅师说："这么简单的问题，你为什么没有办法领悟呢？"

禅僧就说："文殊、普贤、观音、地藏是经过百千劫的修行，我，一介凡僧，怎么是文殊、普贤、观音、地藏呢？我怎敢跟他们相比呢？"

景岑禅师哈哈一笑，就说："观音菩萨慈悲，你有慈悲吗？"

禅僧说："有一些。"

景岑禅师再问："地藏菩萨有愿力，你出家有愿力吗？"

禅僧回答"我也有一些。"

景岑禅师又问："文殊菩萨具足智慧，你有智慧吗？"

禅僧回答道："应该有一点。"

景岑禅师最后就问："你有修过苦行吗？"

禅僧点点头，然后肯定地说："有啊！"

景岑禅师终于说："那就是了！你在受戒的时候，不都向老师承认你是菩萨吗？为什么你现在不敢承担呢？"

禅僧终于言下有省。

养心法语 ————————————————

　　大乘佛教传播到中国有所谓的四大名山，即山西五台山文殊菩萨、浙江普陀山观世音菩萨、安徽九华山地藏王菩萨和四川峨嵋山普贤菩萨。这四大菩萨就是中国大乘佛教的象征，大乘佛教的主要精神就是"悲智愿行"。

　　出家人在受戒的时候，都要受菩萨戒，自己要先发愿做菩萨，受菩萨戒。甚至释迦牟尼佛成道的时候也说，大地众生皆具有如来智慧德相，人人是佛，只因妄想执著，而不能证得。"我是佛"都敢接受了，为什么菩萨不敢接受呢？

　　太虚大师曾说："比丘不是佛未成，但愿称我为菩萨。"我们能可以肯定自己是菩萨，行菩萨道，又有何不可呢？

做事的秘诀是举重若轻，说话的秘诀是条理分明；
修行的秘诀是平常用心，持戒的秘诀是真实不虚；
禅坐的秘诀是忘失时空，念佛的秘诀是心口皆佛。

悟道者的形象

　　日本临济宗的僧人白隐慧鹤禅师，静冈县人。十五岁在松隐寺出家，得法于信浓（长野县）饭山的正受老人。

　　白隐禅师生平不慕名利，曾游历日本诸国弘讲教法，随缘度化有情，振兴了日渐衰微的临济宗。

　　在白隐禅师的众多在家弟子中，有一位沙子夫人，她对禅法已有一些体悟，也得到禅师的印可。

　　有一次，沙子夫人所疼爱的女儿因病过逝，白隐禅师带着弟子们去探望她。一行人到了沙子夫人家门前，看到她竟与世俗人一般，为痛失爱女而号啕大哭。几位在家居士忍不住皱起眉头劝她："别哭了！你都已经是悟道之人，应该明白世间无常的道理，怎么还有那么多的伤感呢？"

　　沙子夫人并没有因此而停止哭泣，反而哭得更伤心了。

众人眼见劝她不动，只好无奈地将目光朝向白隐禅师。白隐禅师也不开口，只是慈爱地看着沙子夫人。过了一刻钟，白隐禅师才转过身，对众人说："你们说，悟道者是什么形象呢？"

白隐禅师接着说："难道悟道的人，就没有真性、感情吗？其实不然。一个人体证了佛法，还能不忘失人性，甚至超越人性，才是真正的修道者。依我看来，能够这么放声大哭，可以说是真悟道人了。"

养心法语 ————————————

二千五百多年前，当佛陀宣布即将涅槃时，弟子们顿觉日月无光、天旋地转，侍者阿难尊者悲伤流泪。等到佛陀在娑罗双树间涅槃了，天人悲叹，弟子们捶胸顿足，号哭失声，甚至远道赶回来的大迦叶尊者也都哭泣不已。虽然他们都是明白佛法、证悟真理的圣者，但是世间的人情还是有的。因此，白隐禅师对沙子夫人的心情给予体谅与慈爱，也就不难理解了，可谓通情达理啊！

试刀杀人

铃木正三禅师，三河县（今日本爱知县）人，出生于一五七九年，圆寂于一六五五年。他曾在德川家康幕府下当官，四十二岁才出家。出家后曾参礼曹洞宗、临济宗之禅门大德，不拘一宗一派，不过，他开创的寺院及弟子都属曹洞宗。

有一天，一个武士前来拜访了正三禅师，言谈中，武士用得意的口吻说："本人喜欢试刀杀人，世上没有比试刀杀人更有趣的事了。"

正三禅师说："我年轻的时候也喜欢试刀杀人，就像砍竹子一般容易。"

武士怀疑地说："是这样吗？"

正三禅师："是啊！"

武士说："那今晚一起杀人，看看谁厉害。"

正三禅师爽快地说："好啊！"

到了晚上，他们一起走进城里。每次有小孩、商人走过他们的面前，武士就想挥刀砍去，正三禅师都说："还不行。"

几次之后，武士心生不耐，就在这个时候，有另外一位武士带着大队随从自远处走来，正三禅师立刻说："就是他了，可以砍了。"

武士看对方人高马大，且声势浩大，心生胆怯，迟迟不敢下手。

正三禅师看武士犹豫，就说："你不砍，我来砍。"

正三禅师手握着刀，正预备冲过去，这名武士赶紧抓住正三禅师的衣服，制止了他。

正三禅师一看，大笑说："看来你并不像你所说的那样高明嘛！你不斩他，怎么谈得上'世上没有比试刀杀人更有趣的事'，只杀几个小孩算什么英雄呢？"

武士听了，哑口无言。据说，这位武士从此不再玩试刀杀人的游戏了。

在人类文明还不很发达的时期，一些愚昧的行为，难免不会发生；就如试刀杀人，一个武士为了要试自己的宝刀，竟用杀人来试，这太玩弄人命，无法无天了。

正三禅师也是因缘巧合，要度这位嗜杀的武士；最初武士只想对一些老弱妇孺动手，正三禅师当然阻止他，因为这算不得高明。及至真的武士来了，他又不敢面对；这时正三禅师故意上前，要表现杀人试刀，这个武士反而吓得拖住禅师的衣服不放，像这种惧强欺弱的行为，哪算个武士呢？这也是四百多年前，日本禅僧不得已，才以禅止杀的手段啊！

观音去了吗？

福建福州的长庆慧棱禅师，杭州人，是唐末五代时候的僧人，为雪峰义存禅师的法嗣弟子。

有一天，一名学僧向慧棱禅师请示佛法，并且举出一件事：

过去，有一位高丽僧人到中国参学，在他要回故乡前，特地请人造了一尊木头的观音像，准备一起从浙江上船运回高丽。不料，临上船时，这尊观音却在原地如如不动，所有的人费尽力气，都无法将这尊观音像抬到船上。最后不得已之下，这名高丽僧人只好将观音像留了下来，请入当地的开元寺供奉。

僧人问慧棱禅师："请问老师，经典里提到，观世音菩萨大慈大悲，无处不现身，为什么他不肯去高丽呢？"

慧棱禅师回答道："观音菩萨普施应化，无处不现身，但一般凡夫众生，即使见到菩萨的身相，仍不免妄生是非偏见；更何况就算肉眼见到了，也未必能见到真正的菩萨。"

僧人仍不甚明白，继续问："那么，观世音菩萨究竟去高丽了吗？"

慧棱禅师淡淡地说："你认为观音是木头吗？木头虽然没有去，但菩萨去了啊！"

这名僧人闻言，若有所悟。

养心法语 ————————————————

在中国，千家万户都有供奉观世音菩萨的像。有的是铜铸的，有的是木刻的，有的是纸画的，虽有种种的成品，那都是观世音，因为观音菩萨随类化身。但那也不是观世音，因为观世音他常游在毕竟空中。高丽僧人请人雕刻的观音圣像，最后不肯前往高丽，这也说明了菩萨化世，一切要看缘分吧！

活在虚空中

　　年轻的慧心禅僧，跟随在红木山大觉禅师座下学习多年，性格热忱，只是每次担任的职务都不能做得长久，经常更换工作。

　　一天傍晚，慧心在所做皆办之后，转赴大慧寮向大觉禅师请安。

　　大觉禅师问慧心说："你今天做了什么呢？"

　　慧心报告说："今天在红木山各地巡察，全山都走到了。"

　　大觉禅师再问慧心："发现了什么问题吗？"

　　慧心恭敬地回答道："寺院建筑都很庄严，可惜厕所嫌少，予人不便。"

　　大觉禅师闻言，沉默了一会儿，说："你全山是走到了，可是就算多建了厕所，但你活在虚空中，怎么用呢？"

慧心一愣，不知从何应答。

大觉禅师说："像这样，你把全山每一寸土地都跑遍了，也没有用啊！"

慧心哑口无言。

大觉禅师再告诫说："做人要有重点，就是厕所，也要落实才有用，你不能活在虚空里。因为虚空太大了，你应付不了的，还是快建厕所吧！"

慧心于言下恍若有悟。

养心法语 —————————————

厕所是解决人生每天的实际问题，它也是人们生活的重点之一。人不能好高骛远，就如厕所给人利用，不嫌弃次数，不嫌弃久长；所以，人要有重点才有用，不能活在虚空里，像云朵在空中飘浮，哪里才是落脚的重点呢？像浮萍在水上漂荡，哪里才是尽头？

有一些人的生活就像是这样，处处不能安住身心，做一项、怨一项、学一样、换一样，不能落实。到最后，一事无成，可不惜哉？因此，人要落实于生活，从小做起，从苦学习。在这世间，不是飘来飘去就能成功的，正如大树也是在一个地方百年不动，才能日益壮大庇荫人群哦！

汉水逆流了没？

襄州（今湖北襄阳）含珠山的审哲禅师，是潭州（今湖南长沙）龙牙山居遁禅师的法嗣弟子。

有一天，一个云水僧前来拜访审哲禅师，审哲禅师问他："云水行脚，今天你从哪里来？"

云水僧说："我从汉水来。"（汉水又称汉江，源于陕西，从湖北汉口入长江，是长江最大的支流。）

审哲禅师再问："汉水逆流了没有？"

云水僧回答："所以，今天特地以这个问题来请老师回答。"

审哲禅师探问云水僧说："你姓什么？"

云水僧面带微笑地回答："学人无姓。"

审哲禅师追问："每一个人都有姓氏，不是姓张就是姓王，你怎么会无姓呢？"

云水僧眨了眨眼睛，说："不可说，不可说！"

审哲禅师再逼问他："姓什么都不肯说，怎可来此参学？说！说！说！"

云水僧说："等到汉水逆流时，我会来向您说。"

审哲禅师一听，知道此人已经有悟了，便点头不语。

养心法语 ————————————

云水僧四方参学，在有道的人面前，只要一开口，就知道你有没有。汉水会倒流吗？在常识上来说，是不会的。但在禅门，没有什么不可能的事。把两头截断，所谓中道，究竟是顺流，还是逆流呢？所以，佛门的圣者罗汉，四果之一的须陀洹，又有"逆流"之称，即逆生死之流而成道。

因此，这位云水禅僧他的意思是，悟道了以后，什么都能说，也什么都不必说！

我没有家风

洪州建昌（今属江西）凤栖山的同安常察禅师，是凤栖山第一世住持，瑞州（今江西高安）九峰道虔禅师的法嗣。

有一天，一位年轻的禅僧向常察禅师问道："老师，请问什么是您的家风呢？"

常察禅师淡淡地说："我没有家风。"

禅僧奇怪地问："从过去以来，十方丛林都是各有各的家风，为什么您会说您没有家风呢？"

常察禅师微笑看着问话的禅僧，说："因为我这里既不迎宾，也不刻意接待客人，只任由有缘人前来走动。他们来者自来，去者自去，每个人本身就有自己的禅心、自己的家风，我又何必再为他们增添负担呢？"

禅僧听了，感到更加疑惑，又问："那么，历来的学道者，他们不远千里到各地去云水行脚，寻师访道，不就是为了要有人开导吗？"

常察禅师哈哈一笑，说："那你自己是做什么的？为什么要找我麻烦呢？"

年轻的禅僧于言下有省，便留在同安常察禅师座下参学。

养心法语 ————————————

禅者，就是要直下承担，不要拖泥带水把问题交给别人。禅门有谓"五家七派"，的确是各有各的家风，但是就如同各家丛林里的钟板一样，有的横遍十方，有的竖穷三际，有的主张包容万物，有的强调一即一切，确实各有宗风不同。

家风是要自己树立的，不是跟着别人的家风去团团转。因此，何必像"刻鹄不成尚类鹜"或是"画虎不成反类犬"呢？

抱璞投师

有一天，一位云水僧到覆船山参礼洪荐禅师，洪荐禅师请他坐下来喝茶，云水僧忽然看着洪荐禅师微微一笑，转身就走了。

洪荐禅师看出这个云水僧的意图，于是从背后叫住他："大德，即使是参禅，也不必要被这点人情世故所障碍了吧？"

云水僧听了之后，马上转过身，拿起坐具要坐下来。这时，换成洪荐禅师微笑，转身便走回方丈室去了。

刹那间，云水僧看到自己的一念慢心，忍不住拍手大呼："原来如此！"

洪荐禅师摇头说："唉！虎头蛇尾。"意思是，你连这点考验都禁不起，怎么能担当大法？

此时，云水僧的态度转为谦恭，向洪荐禅师躬身作礼说："学人愿意抱璞投师，不知禅师愿意接受吗？"

洪荐禅师用手拍了拍身旁的香案，表示接受。云水僧当下会意，马上礼拜问讯。

洪荐禅师点点头，说："很好，这里有什么东西吗？"

云水僧微微一笑，也拍拍香案。

洪荐禅师哈哈一笑，说："舌头不出口，你我心照不宣啊！"

养心法语

禅师之间许多的问答，都好像是在打哑谜。但是禅门的这许多公案，不是猜谜语，它每一句话里面，都是孕育了宇宙人生的真理。它不是鹦鹉学语的"鹦鹉禅"，也不是狐假虎威的"狐狸禅"，而是彼此的印心，这就看他们之间的较量了。

就如洪荐禅师的拍拍香案，云水禅僧也拍拍香案，他们不靠舌头，只靠心意的领会，究竟领会了什么？仍然很难说出，因为那就是禅了。

因为你

　　元代的了庵清欲禅师，号南堂，字了庵，浙江临海人。十六岁出家，得法于开元寺的古林清茂禅师。之后，受邀在江浙一带的保宁寺、开元寺、本觉寺及灵岩禅寺等寺担任住持，并以书画扬名于世，元顺帝曾敕封"慈云普济禅师"之尊号。

　　当时，日本正值镰仓幕府时代，有多位的日本僧人来华，在了庵禅师座下参禅学道。

　　有一天，一位日本僧人向了庵禅师提问："佛未出世时，是怎么样的？"

　　了庵禅师淡淡地说："和你一样。"

　　僧人再问："佛又怎么样修行成道的呢？"

　　了庵禅师气定神闲地说："他比较发心、勤劳，不像你懒惰。"

　　这位日本禅僧很不甘心地反问："那禅师您很发

心、勤劳，你就是佛祖啰？"

了庵禅师看了他一眼，说："因为有你，我也不是佛了。"

禅僧很疑惑，再问："假如没有我，禅师是佛吗？"

了庵禅师大喝一声："没有你，谁来成佛呢？"

僧人豁然有所领会，就地礼拜而去。

养心法语

佛教自印度传来中国，又从中国传至日本。在隋唐之前，印度和中国的僧侣爬高山、走沙漠，经西域往来的很多。之后，日本僧人到中国来求法，亦如当初中印之间的密切，例如：空海大师、道元禅师等，都是在中国参禅悟道的。到了宋、元、清，中日佛教交流的情况就更频繁了。

影响所及，像近代铃木大拙禅师在西方弘法，大部分都引用中国历代禅僧证悟的境界来启发学人。像二次世界大战后，日本学者冢本善隆教授，在课堂上见到留学日本的中国学僧，都对他们深深一鞠躬。

问他为什么，他说，很感谢自日本派遣唐使来华以后，中国禅门给予的浩荡之恩，所以他一生对中国都如此尊敬。

　　了庵禅师就是要告诉这位日本禅僧，佛性平等，人人有佛性，为什么不自己直下承担呢？

去洗澡吧！

兴化军梯山石梯禅师，是茱萸禅师的法嗣弟子。他的禅法幽默风趣，常以生活中的机用来接引学人。

有一天，石梯禅师的侍者用心地烧好一盆热水，高兴地对禅师说："老师，热水已经好了，请您去沐浴洗澡吧！"

石梯禅师只是笑一笑，然后对侍者说："我既不洗尘垢，也不洗身体，你认为我应该拿什么去洗呢？"机灵的侍者知道老师又在跟他打禅机，所以也不回应他的问题，依然从容悠闲地整理沐浴的用具。

过了一会儿，侍者准备得差不多了，才回过头对石梯禅师说："老师，您先请进去，我等一下就拿毛巾给您啊！"

石梯禅师一听，哈哈大笑，点头默许了侍者的禅境。

养心法语 ————————————————

佛有三身：法身、报身、应化身。佛的报身因功德圆满而庄严美好，但这个跟我们人一样的色身，它有新陈代谢，有每日的尘垢必须要清洗。可是，佛也有已觉悟的法身，这法身无形无相，又哪里有尘垢呢？因此，当侍者把洗澡水准备好，请老师去盥洗，石梯禅师就对侍者幽上一默，说：我既不洗肉身的尘垢，也不必去洗刷法身，你要叫我去洗什么呢？

侍者也是禅门高手，他认为这个问题不需要回答，还是照常替老师准备盥洗的用具，最后才说：老师，您去洗澡吧！毛巾等一会儿拿给您。这就回应石梯禅师的问题了。所以，这许多高手对招，虽然是简单的一句，但是内涵都不简单的喔！

我还在路上

唐代的荷泽神会禅师，湖北襄阳人。他年幼时就遍读儒家典籍，天资聪颖，此后倾心佛教，依止国昌寺颢元和尚出家。在他十四岁时，听闻六祖惠能大师在南方弘扬禅法，就立刻动身前去参礼。

惠能大师见到神会，有心要试探他，便问："你从哪里来？"

神会回答："学人从无处来。"

惠能大师又问："既然是从无处来，你怎么回去呢？"

神会说："学人也无处可回。"

惠能大师摇摇头，说："你这样的答案，太茫然了。"

神会并没有因此退缩，仍然不卑不亢地说："因为我还在路上。"

惠能大师淡淡地说："你走了这么远，不辛苦吗？"

神会微微一笑，说："我见到祖师，就已经到达了。"

惠能大师这时才微笑点头，表示印可，自此神会便留在他的座下亲近学习。

养心法语

多数人都把人生比喻成一条路，叫"人生路"。从父母生下我们以后，就走上了人生路；走完了这条路，就表示生命已告终。在这条路上，或是跋山涉水、路途坎坷，或是一帆风顺、扬长而去，人生路上的花样可多了。

惠能大师问神会："你从哪里来？"神会回答："从无处来。"这一句话很合乎惠能大师胃口，因为惠能大师的宗风，都以"无"为宗，好比他悟道诗所说的"菩提本无树，明镜亦非台"。接着，惠能大师再问神会："你怎么回去呢？"神会再答："无处可回。"这还是以"无"为对。所以，惠能大师认为神会虽是小小年纪，却是可造之才，就答应神会留在身边。这一留，成就了惠能成为万年之师。

当时，南宗惠能和北宗神秀对峙，一个在偏远的南方岭南之地，一个在北方京城受皇家供养，弘扬禅道。多年后，神会在滑台举行论辩大会，终于让惠能大师取得禅门的正统地位。所以，不可小视年轻人，这都可能造就禅门的一段殊胜因缘。

如何是观音行？

　　庐山的归宗智常禅师，湖北人，是马祖道一禅师的法嗣弟子。智常禅师的禅法，不崇尚理论造作的言语，而是能够活用日常生活中的禅机，因此活泼又不失启发性。

　　有一天，智常禅师对大众开示："我今天要为各位说说禅的境界，请大家向前走近来。"

　　大众听了，便一起往禅师的面前走去。

　　智常禅师沉默片刻，就说："《观世音菩萨普门品》里有一句'汝听观音行，善应诸方所'，你们各位可以领会这句话的意思吗？"

　　大家面面相觑，不知道智常禅师的葫芦里卖的什么药。

　　这当中有一位禅僧大声说："禅师，请您告诉我们，什么是'观音行'？我们怎么样才能'善应诸方所'呢？"

智常禅师说："去，去，去！"

禅僧一听，说："谢谢禅师，我们'善应诸方所'去了！"说完，就带着大家解散了。

智常禅师哈哈大笑，说："懂也，懂也！"就走回方丈室了。

养心法语

《观世音菩萨普门品》中，有重重的偈语来赞叹观世音菩萨的"汝听观音行，善应诸方所"，这意思是告诉我们，观世音菩萨游诸国土，度化众生，就是以云游各地度化众生为他的行持。游，表示菩萨并不感到辛苦，他自由自在，随缘度化，不像有些人度众特别要作意，要有所作为。因为观音菩萨的行持慈悲、威德、智慧，因此他才能游诸方便，应化一切地、一切时、一切人。

什么是"观音行"？其实就是观世音云游诸国土，度众自在。但智常禅师不直接说明，而是回答"去，去，去"，这位禅僧也回应说"我们'善应诸方所'去了",智常禅师见大家已经明白,不禁哈哈而笑,说"懂也,懂也"了。

无法回答

　　仰山慧寂禅师，俗姓叶，广东番禺人，是唐末五代时候的僧人。九岁时，依止南华寺通禅师剃度。成长后游历诸方，在参礼耽源应真禅师时，了悟法义。不久，投身于沩山灵祐禅师门下学习，受到印可。后前往江陵（今湖北中部）受戒，研究戒律。回到沩山后，随侍灵祐禅师十五年，大振沩山宗风。

　　有一天，有一位禅僧问仰山禅师说："一般来讲，佛有三身：即法身、报身、应身；法身是体，报身是相，应身是用。法身遍满虚空，虚空包容万物，但它没有说话。那么，法身究竟会不会说法？"

　　仰山禅师看了看年轻的禅僧说："这个问题要问证悟法身的人。"

　　禅僧追问："谁是证悟法身的人呢？"

　　仰山禅师又看了禅僧一眼，淡淡地说："连你自己都不知道，我怎么知道呢？"说完，就走了出去，独留那位问道的禅僧一片茫然。

养心法语 ————————————————

　　这世间，一切都是法身的体现：人生有生老病死，表示烦恼重重；自然界有春夏秋冬、落花流水，表示变化无常；高楼大厦有成住坏空，经过岁月而因缘分散，一切归于空寂……这许多的真理，不都是法身在说法吗？青青翠竹无非般若，郁郁黄花皆是妙谛，宇宙之间，哪一样不是法身的体现？哪一样不是法身的说法？你懂得，微风吹着、阳光晒着，万物生生灭灭，不都在向我们说法吗？因此，法身的确有说法，但那是无声无相之法啊！

超脱轮回

无德禅师很善于接引青年，对于青年人一些稀奇古怪的问题，都能给予他们指导。

好比有些人不相信世间有轮回，因此就有一名学生向无德禅师提出质疑："'轮回转世'这种道理，真叫人难以相信！"

无德禅师微微一笑说："你不相信，那就不要超脱轮回，永远在轮回里面周转就好了！"

学生一听，觉得很不是味道，马上反驳："为什么我要在轮回里流转？"

无德禅师说："因为你不相信轮回呀！所以你不在轮回里面流转，还想到哪里去呢？"

学生闻言，若有所悟。

养心法语 ————————————

事物，有成住坏空，这是事物的轮回；好比植物的种子，从播种、生长、开花、结果、凋谢，它不是会循环吗？

人生，有生老病死，从被父母生养以后，历经成长、老病、死亡，就好像植物的种子一样，生命还会再来，这不就是轮回吗？

季节，有春夏秋冬。春天、夏天过了，秋、冬跟后而来，时间也不会停留，所谓"冬天到了，春天还会远吗？"这不就是四季的轮回吗？

又如宇宙间，日月星辰中，地球有公转、自转，这个不就是轮回吗？时辰钟，从一、二、三到十一、十二，又回来从一、二、三到十一、十二，这个不就是轮回吗？其实，轮回就是宇宙人生的真理。

世间上，因缘果报都在轮回，要脱出轮回，必须大彻大悟、大修大证。从有形有相的色身，转入到无形无相的大化之中，所谓的"证悟法身"，那就是超脱轮回了。

有志者，自有千方百计；
无志者，只有千难万险。

清·金廷标·罗汉图（故宫博物院藏）

卷 四

吃饭吃得美味，心无拣择，禅也！睡觉睡得安然，心无挂虑，禅也！要知道，离开了生活，哪里有另外的禅？

庭前柏树子

有一个僧人问赵州从谂禅师："什么是祖师西来意？"

赵州禅师看着堂前青翠茂盛的柏树，说："庭前柏树子。"

这个僧人一听，就质问："请和尚不要拿外境来示人。"

赵州禅师说："我从不以外境示人。"

僧人不放心，又再问了一次："什么是祖师西来意？"

赵州禅师肯定地说："庭前柏树子。"

赵州禅师这一则公案，之后经常为人所乐道。后来，他的弟子觉铁嘴（慧觉禅师）去参访法眼文益禅师时，法眼禅师问觉铁嘴："听说赵州禅师有'庭前柏树子'一语，是吗？"

觉铁嘴斩钉截铁地回答："无。"

法眼禅师上前一步，说："常常听人谈到，有僧人问赵州：'什么是祖师西来意？'他就答以'庭前柏树子。'上座为什么说没有呢？"

觉铁嘴坚定地回答："先师未曾有此话，和尚您别谤了吾师才好。"

养心法语

"祖师西来意"常被做为话头来参问，赵州禅师以一句"庭前柏树子"教导学人：道非玄妙，眼前俯拾即是，虽然是平常庭院前的柏树，也是佛法所在。所谓"达摩西来一字无"，道，重在内心的体悟，是不可言传的，一说就落入语言的葛藤，反而无法把握达摩禅法的真谛。但是为了导引学人悟道，禅师们又不得不说，因此，赵州禅师便以"庭前柏树子"直指道在当下，平常心是道。

虽然赵州禅师确实以"庭前柏树子"一语回答学僧，但是觉铁嘴之所以称无，是因为禅悟是言语道断的，若觉铁嘴回答以有，就落入言诠的陷阱，反而曲解了赵州禅师所说的真意。

思量不思量

有一次，药山惟俨禅师正在禅坐的时候，来了一位云游行脚的游方僧，游方僧看到打坐中的惟俨禅师就问道："禅师，您在这里枯坐不动，究竟在思量一些什么事情啊？"

惟俨禅师答了一句很微妙、很有意思的话："思量不思量。"

"既然是不思量，又如何思量呢？"这位行脚游方僧毫不放松地追问。

"非思量。"惟俨禅师也针锋相对地回答。

养心法语 ————————

这则公案就一般的道理来看，既思量却又不思量，似乎互为矛盾，其实有它的道理，意思是：禅虽不是文字知解，主张言语道断，但是透过文字知解，可以把握不可言处的真髓。

禅宗强调不立文字，但没有语言文字，又怎么能进入佛道？《金刚经》也说"若以色见我，以音声求我，是人行邪道，不能见如来"，都是教人不要将假相当作是真实，但是不透过假相，又何能体悟真实？所以，唯有超越知识见解上的执著，才能探骊得珠，体会到真正的禅味。

我们对于参禅学道，有时候要从思量上来着手。所谓提起疑情，所谓要参话头，所谓寻师问道，就是要不断地参、不断地追问下去。但是有时候，参禅学道也要从不思量的地方来着手：因为眼睛看到的色、耳朵听到的声音、鼻子嗅到的味道、舌头尝到的气味、身体的感触、心里的分别，这都是一种虚妄的假相；假如说不从眼、耳、鼻、舌、身、心上头去思量，在不思量的地方，我们能找到自己、体会大道、明心见性，那就是禅的显现了。

佛心是什么？

有一天，南阳慧忠国师问紫璘供奉（供奉：僧官名）："你学佛多少年了？佛是什么意思？"

紫璘供奉不假思索，随口回答道："佛，就是觉悟的意思。"

慧忠国师进一步问他："佛会迷吗？"

紫璘供奉不以为然地反问慧忠国师说："已经成佛了，怎么会迷呢？"

"佛既然不迷，觉悟做什么呢？"

慧忠国师的一句反诘，让紫璘供奉无语可对。

又有一次，紫璘供奉在注解《思益梵天所问经》的时候，慧忠国师在一旁说："注解经典者，必须要能契会佛心，所谓'上契诸佛之理，下契众生之机'，才能胜任。"

紫璘供奉听了非常不悦，他回答道："您说得不错，的确是要这样，否则我怎么可以在这里下笔呢？"

慧忠国师听了，就叫侍者盛来一碗水，里面放了七粒米，碗面放上一双筷子，然后问紫璘供奉说："请问这是什么意思？"

紫璘供奉茫然不知，无语可答。

这时候，慧忠国师终于不客气地训诫他："你连我的意思都不懂，怎么能说你已经契会佛心了呢？"

养心法语 ————————

一个讲经说法的人，契理容易，契机难；有的人契机不契理，有的人契理不契机。慧忠国师的"水米碗筷"，说明佛法不离生活，离开了生活，要佛法何用？紫璘供奉远离生活来注解佛法，当然离佛心就很远了。六祖惠能大师曾说："佛法在世间，不离世间觉；离世求菩提，犹如觅兔角。"就是这个道理。

国师塔样

南阳慧忠国师预知他在世间教化的因缘将尽，涅槃的时机已至，于是向唐代宗辞别，代宗就问慧忠国师说："国师灭度后，朕可以为您做些什么呢？"

慧忠国师说："请为老僧建造一座无缝塔。"

代宗问："请国师给个塔的图样。"

慧忠国师沉默了许久，然后问："陛下会意了吗？"

代宗回答："朕不明白。"

慧忠国师嘱咐代宗说："耽源应真禅师是我的弟子，他懂得这事，陛下可召他前来相询。"

不久，慧忠国师于党子谷圆寂，谥号大证禅师。代宗后来召耽源应真禅师入宫，询问有关无缝塔的意见，应真禅师也同样沉默了许久之后，问："陛下懂得了吗？"

代宗还是回答："朕不懂。"

应真禅师便说了一首偈语："湘之南，潭之北，中有黄金充一国，无影树下合同船，琉璃殿上无知识。"

养心法语

慧忠国师所说的"无缝塔"，其实就是清净的法身，无形可见，无可比拟，唯有慧心法眼可以识得。慧忠国师请唐代宗建造"无缝塔"，即是借此机缘试探代宗对佛法的体悟，然而代宗却向慧忠国师请求塔样，国师便以沉默不语表达法身佛性之不可说，喻示法身并不落于塔样的局限。

清净的法身佛性原就充满于浩瀚无际的法界中，为何我们见不到？只要我们的心不执著于一法，不执著于有一个无缝塔的塔样可寻，凡事懂得向自心本性中去寻觅时，就看得见了。

一半肯定

有一天，洞山良价禅师在云岩昙晟禅师的忌日设斋上供，有学僧看到了就问：

"请问您在云岩禅师那里，得到什么开悟的指示吗？"

"我虽曾在云岩恩师座下，但并未获得什么指示。"

"那么，为何设斋供奉他呢？"

"纵然不获指示，我也未敢违背他。"

"您最初不是参访南泉普愿禅师吗？为什么却为云岩禅帅设斋呢？"

"我不是因尊重先师的道德、佛法才如此，而是敬重他不为我说破，单凭这一点，其恩德山高海深啊！"

学僧仍然很疑惑，又问："您既然为他设斋，那么就是肯定云岩禅师的禅法了？"

良价禅师答道："半肯半不肯。"

"一半肯定，一半不肯定？"学僧迷惑地喃喃自语。"为什么不全部肯定呢？"

良价禅师回答："如果全部肯定，就辜负先师了。"

养心法语

良价禅师在云岩禅师座下参学多年之后，辞别恩师到他处行脚。临行前，因恩师的一句"只这是"而起疑情，但云岩禅师并未为他说破。直到有一天，良价禅师见到水中自己的影子才忽然大悟。所以，良价禅师在云岩禅师的忌辰，设斋祭拜，感谢老师当初没有为他说破，因此他才能睹影自悟。

修行，若全然依赖师长，将会失去自己；若没有指引，又何能因指见月？老师正如同指月的手指，所以说师资相助，这正是"半肯半不肯"的真意。

悟道，不求他人全为我说破，能自己把它找到，禅才为自己所有。

不动道场

　　河南开封观音院的岩俊禅师，是河北人，为唐末五代之禅僧。他出家后严守戒行，参礼过诸方大德，后来到舒州投子山（今安徽境内）大同禅师座下参学，并且成为他的法嗣弟子。

　　岩俊禅师还未成名之前，初次到投子山参礼大同禅师时，禅师一开口便问："你从大老远到这里来，一路辛苦了。昨天晚上在哪里挂单啊？"

　　岩俊禅师恭敬地回答："学人昨晚住在不动道场。"

　　大同禅师接着又问："既然到了'不动'道场，怎么会来和我见面呢？"

　　岩俊禅师回答："道场归道场，礼见归礼见。"

　　大同禅师一听，心中已经首肯他的回答，不过还是问岩俊禅师："只为了这一见，就从千里之外而来吗？"

岩俊禅师明白大同禅师有意试探，就说："老师，你认为我有来去吗？"

大同禅师说："既无来去，你的道场不如就建在我的投子山算了。"

岩俊禅师闻言，若有所悟，便留在大同禅师门下，一住数十年。

养心法语

在佛教里，所谓如来者，无所从来，无所从去。如，是法身，应该不动的；来，是应身，可以随机说法。所以，站在事相上，世间相有来来去去；站在法身自性上，是一如也，没有来去的。

现在的青年禅者，只懂得云游，只懂得参学，但不懂得心境合一。深山五岳，走了多少；百千人物，也见了许多，只是心内的禅和心外的境，始终不能相应，所以人生都在动荡不安中荒废了一生。像岩俊禅师，既然懂得不动道场，那就是"当下即是"了。像大同和岩俊这样的前辈和后学，禅心相投，那就是真正的禅心不动了。

粥与茶

赵州从谂禅师是唐朝时候一位非常有名的禅宗大德，世寿一百二十岁，谥号"真际大师"。年轻时，他依止南泉普愿禅师二十多年，也参谒过黄檗、宝寿、盐官等诸大禅师。八十岁驻锡于河北的赵州城东观音院，大兴南宗的禅法四十余年。

赵州禅师非常注重生活中的佛教，他时常教示跟随他学禅的僧青年，从生活里体验禅，从生活中表现禅者的风格。

例如，有一位初入丛林的学僧前来请示赵州禅师，禅师就问他说："你吃过粥了没有？"

学僧回答："吃过了。"

赵州禅师立即指示学僧："那么，洗钵盂去。"

接着，又有一位学僧来请求开示。

赵州禅师问道："你以前来过这里吗？"

学僧回答道："报告禅师，学人曾经来过。"

赵州禅师说："吃茶去吧。"

然后他转头问一旁的另一位学僧："你有来过吗？"

学僧："不曾来过。"

赵州禅师还是说："吃茶去。"

院主非常不解地问禅师："您为什么都叫他们吃茶去？"

赵州禅师对院主招招手，请院主上前。

赵州禅师只是简短地回答："吃茶去。"

养心法语

　　所谓佛法，所谓禅心，都不应该偏离我们的生活。吃饭吃得美味，心无拣择，禅也！睡觉睡得安然，心无挂虑，禅也！要知道，离开了生活，哪里有另外的禅？哪里有另外的佛法？不能将佛法融入于日常生活里，这样的佛法有什么用处呢？

　　今日的修道者，一心只想了生脱死，却不懂得重视生活里的佛法，这样反倒是离开道、离开禅愈来愈远啊！

衣服吃饭

　　一休宗纯禅师是很风趣的禅师，他有位做官的弟子。有一天，这位弟子请一休禅师吃饭。

　　一休禅师为人一向不拘小节，非常洒脱，所以赴宴时并未刻意注重衣装，随意披了件破旧的衣服，就到了官员弟子的住家。

　　官员家的门僮看到一休禅师，不知道这是主人特意邀请来的贵客，以为是哪里来的游方和尚，因此不准一休禅师进去。一休禅师不得已，只好回去换了庄严整齐的新袋装，再去赴宴。

　　用斋的时候，只见一休禅师不停地把桌上的饭菜朝衣袖里装。主人看了很诧异，忍不住问："师父是不是家里还有老母，或是惦念寺里的大众。待会儿，我再准备一些素菜送去，您不必把菜放在袖子里面，请安心地享用。"

一休禅师道："你今天是请衣服吃饭，并不是请我吃饭，所以我才给衣服吃啊！"

官员听不懂禅师话里的意思，禅师于是进一步解释："我第一次来的时候，门僮不准我进来，因为我没有穿体面的衣服；等我回去改穿了体面的新衣服，门僮才欢迎我进来。我想贵府不是请人吃饭，而是请衣服吃饭，所以，我就把你的饭菜给我的衣服吃。"

养心法语

目前社会上有许多势利虚荣的人，不以人格品德论高低，而以衣服新旧做标准：只讲究"金玉其外"，也不管是不是"败絮其中"。这些人看到一休禅师把饭菜给衣服吃的故事，不知有何感想？这则故事可说是对现代人心一针见血的讽刺。如果心中有禅，当知外在的贫富与人格高低无关，但是人往往会被眼睛所见的形色外相所蒙骗，一休禅师的"衣服吃饭"，值得我们深思警惕！

放逐天堂

一休宗纯禅师出外云游行脚，有一天，由于天色已晚，就在一个农庄里借宿。深夜时，他被一连串的哭声所吵醒，原来邻家的主人因病去世，所以全家哭成一团，一休禅师对屋主说："真不幸！请您告诉隔壁的邻居，我想为死者诵经超度。"

由于亡者生前以杀生的捕鱼捉鸟为业，故卧病时，经常为过去所造下的杀业而惊惧不安，老是看到好多的鱼虾向他索命，以及很多的飞鸟向他飞扑，令他痛苦万状。一休禅师了解状况后，就开始替他诵经。

诵过经之后，亡者家属还要求一休禅师做法，甚至要他写一封信给阎罗王，请阎罗王让死者上天堂，因为死者家属这么要求，所以一休禅师也答应照办。他在一张纸上题字，题完字，就把这一张纸折叠起来，放在死者的手中，并告诉他的家人说："你们不要再哭了，死者可以升天堂了。"

死者家属对一休禅师这样的做法，非常感激，但也很好奇，到底一休禅师在纸上写了什么字？于是打开字条，只见纸条上面写着："这一位亡者所犯的杀生罪业，如须弥山那么多，恐怕连阎罗王的账簿上也找不出地方可以记了，所以，您还是把他放逐到天堂去吧！"

死者的太太看了后，内心非常难过，埋怨一休禅师跟阎罗王说死者的罪孽很大，账簿也记不清楚。

一休禅师说："这位太太，你难道不承认你先生的杀业有如须弥山那么多吗？"

死者的妻子回答道："我承认，只是难道没有方法可以超度他吗？"

一休禅师说："我本来以诵经为他消除罪业，但你要那么要求，所以我才写信告诉阎罗王，像这样罪大恶极的人，实在应放逐到天堂去，免得在阎罗王的账簿上记不完而麻烦。你先生拿了信，必定可以到天堂的。"

一休禅师的话，实在是对世人最好的教育，也是最好的讽刺。我们平常造的罪业，到最后不认账是不行的，所谓"菩萨畏因，众生畏果"，就是这个道理。

野鸭子

古有"马祖创丛林，百丈立清规"，马祖道一禅师和百丈怀海禅师是禅门的两大功臣。

有一天，马祖和百丈禅师一起散步，忽然见到一群野鸭子从头顶上飞过。

马祖就问百丈禅师："那是什么？"

百丈禅师不假思索地回答："那是一群野鸭子。"

马祖再问："野鸭子到哪里去了？"

百丈禅师回答："飞过去了！"

马祖用力捏了一下百丈禅师的鼻子，百丈禅师痛得大叫。

马祖指着百丈禅师的鼻子说："不是在这里吗？你怎么可以说飞过去了？"

这一句话使百丈禅师豁然大悟。然后，他一句话也不说，回到房里痛哭流涕。

其他禅僧觉得奇怪，问他怎么了，百丈禅师就照实回答，说给马祖捏痛了鼻子。

禅僧们不解地问："是你做错了什么事情吗？"

"你们可以去问问老师。"百丈禅师说。

禅僧们就去问马祖。

马祖说："百丈自己知道，怎么问我呢？"

禅僧们又再回头来问百丈禅师，只见百丈禅师哈哈大笑。

众人不解，就问："你刚才哭，现在为什么笑呢？"

百丈禅师说："我就是刚才哭，现在笑。"

养心法语

百丈禅师原先犯了时空的错误，怎么可以说这里那里？怎么能说过去现在？马祖的这一捏，把时空的分界当下粉碎，所以百丈禅师就悟了。

百丈禅师说自己"刚才哭，现在笑"，是说：时空观念一变，永恒的本体现前，我与世界就不一样了。这就是当下认识了自我。

禅，认识自己最重要。

用会作么?

　　长沙景岑禅师有一首诗偈:"百尺竿头不动人,虽然得入未为真。百尺竿头须进步,十方世界是全身。"

　　有一学僧听后,问道:"学僧该向什么处去？"

　　景岑禅师以偈回答:"不识金刚体,却唤作缘生。十方真寂灭,谁在复谁行。"

　　学僧再问:"百尺竿头如何进步？"

　　景岑禅师回答:"朗州山,澧州水。"

　　学僧茫然:"弟子不会。"

　　景岑禅师说:"四海五湖王化里。"

　　学僧还是不懂,又再问:"如何是学人的心？"

　　景岑禅师:"十方世界就是你的心。"

　　学僧听了更加不解:"那么,学人身无可依之处,我身在什么地方呢？"

　　景岑禅师:"处着身处才是你着身处。"

学僧："如何是能着身处？"

景岑禅师："大海水，深又深。"

学僧仍然茫然："我不会。"

景岑禅师："鱼龙出入任升沉。"

学僧追问："您说'尽十方世界，是自己光明'，学人如何会得？"

景岑禅师："用会作么？"

养心法语

　　景岑禅师的开示一直明明白白地指导。"百尺竿头，如何进步？""朗州山，澧州水。"普天之下，哪一处不可让我们跨前一步？能懂得，五湖四海何处不能遨游呢？十方世界都住于我们心中，为什么还挂念身没有着落处呢？

　　禅不是一下子就能悟道的，除非你是利根，自己能顿悟。"用会作么？"禅并不是会不会的问题，禅是悟！你悟了，世界都是你的，何必要更进一步呢？当下就是！

谁是后人？

天皇道悟禅师前去参访石头希迁禅师，一见面就问："如果超脱定慧以外，请问老师您还能告诉别人什么道理？"

石头禅师回答："我这里本来就没有束缚，谈什么超脱？"

天皇禅师不满地说："您说这样的话，叫人如何了解呢？"

石头禅师问："你知道'空'吗？"

天皇禅师答："我对'空'早有心得！所谓'真空不碍妙有，妙有不碍真空'。"

石头禅师慨叹："唉！想不到你也是那边（指迷的世间）过来的人。"

天皇禅师否认说："我不是那边的人。因为有了'那边'，就有'这边'。您是指我的来处还是有踪迹吗？"

石头禅师肯定地说："我早就知道你是有来处的。"

天皇禅师不高兴地说："你怎么毫无证据就诬赖我呢？"

石头禅师大笑，指着天皇禅师说："你的身体就是证据，那不就是来处吗？"

天皇禅师说："话虽这么说，来处自他来，去处自他去，可是我们究竟该拿什么来教导后人呢？"

石头禅师忍不住大喝一声，斥责说："请问谁是我们的后人？"

在这一喝之下，天皇禅师豁然大悟！

养心法语 ─────────────────

石头禅师和天皇禅师两人所谈论的这边那边，主要是指生死轮回的流转，我知道你从那边来的，这是指仍在生死迷妄之中，而所谓证据，就是有漏的业报色身。

天皇禅师经过深思，承认自己还没有超脱，故曰"来处自他来，去处自他去"，此即生死由他之谓也。

但是他又挂念后人，前前后后，生生死死，则此生死如何了得？难怪石头禅师要向他大喝："谁是我们的后人？"

荷叶为衣

大梅法常禅师年幼时在玉泉寺出家，他对禅法非常有兴趣。后来，悟道之后，就在大梅山隐居。

有一天，盐官齐安禅师座下有一名僧人，入山去寻找可供制作拄杖的材料，不慎在山里迷路了，正愁找不到出路之时，恰巧来到法常禅师的住处，于是上前拜谒禅师："和尚住在此山多久了？"

法常禅师回答："只见四山青又黄。"

僧人又问道："请问，下山的路往哪里走？"

法常禅师回答："随着流水去。"

僧人回去后就向齐安禅师禀告，他在山间偶遇的这位奇人。

齐安禅师沉思半晌，说："我在江西之时，曾见过这样的一位僧人，不知道是否就是此人。"

齐安禅师于是令学僧入山去延请，然而，法常禅师却交给僧人一首诗偈，予以委婉的回绝了。诗偈云：

摧残枯木倚寒林，几度逢春不变心。

樵客遇之犹不顾，郢人那得苦追寻？

一池荷叶衣无尽，数树松花食有余。

刚被世人知住处，又移茅舍入深居。

养心法语

在法常禅师的诗里，提到愿以荷叶为衣，松花为食，可见他安于隐居的生活，不求名闻利养，只是淡泊过日。自古以来的禅僧，有的隐居山林，有的行脚云水，寻师访道。他们有的是为了躲避盛名之累，入山唯恐不深；有的则是随缘度众，等待有缘的传灯之人。然而，不论是陆沉山林，或者是走入人群，总得先将养性的功夫做好，将来一旦龙天推出，才有资粮可以福利大众，普利人天。

不著佛魔

降魔藏禅师俗姓王，河北人，七岁就出家了，他依止广福院的明赞禅师落发，为唐朝时候的僧人。由于时常为乡里之人驱鬼除害，所以人们都尊称他为"降魔禅师"。

后来，北宗禅法相当盛行，降魔禅师决心前往拜谒北宗的大德。有一天，降魔禅师去参访颇负盛名的玉泉神秀禅师。

神秀禅师问他说："你的名字叫降魔，但是我这里既没有山妖，也没有树精，无魔可降，难道你反过来做魔吗？"

降魔禅师很肯定地回答："有佛就有魔，我也是魔！"

神秀禅师见他出言不凡，进一步试探地问："你如果是魔，必定是有不可思议境界的魔。"

今日的千锤百炼，
是未来事业的阶梯；
今日的喜舍布施，
是未来圆满的助缘。

降魔禅师不以为然地回答："就算是佛，自性也是空的，哪有什么境界可现呢？"

神秀禅师一听，便明白降魔禅师是法器，于是为他授记，说："你的法缘在山东的少昊之墟（今山东曲阜一带），将来必然度众无数。"

降魔禅师后来到东岳泰山弘法，短短数年间，问道的学僧可说是络绎不绝。

养心法语

这世间是一半一半的，一半白天，一半黑夜；一半好人，一半坏人；一半是佛，一半是魔。其实，佛与魔只在一念之间，一念觉是佛，一念迷就成魔。一念清净，不为境转，就是佛的境界。

然而，赵州从谂禅师也曾经说过："有佛处不得住，无佛处急走过。"所以即使是佛的境界，也不可生起贪着。所谓"佛来佛斩，魔来魔斩"，对佛与魔都心无所执，那么自然解脱无碍。

231

无刃剑

某天，有一位学僧问曹山本寂禅师："请问老师，什么是'无刃剑'呢？"

本寂禅师说："'无刃剑'是不须铁匠火炼打造而成的剑。"

学僧问："无刃剑，有什么奇特吗？它与一般的剑有什么不同？"

本寂禅师回答："一经碰触，能断除百千葛藤。"

学僧再问："那么无缘遇到无刃剑的人，怎么办呢？"

本寂禅师肯定地回答："葛藤习气一样能脱落。"

学僧听了，不禁疑惑地反问："有无刃剑就能断除妄想执著，可是未逢者怎能习气脱落呢？"

本寂禅师轻松地回答道："难道你没听说无刃剑可以无远弗届，断尽一切吗？"

学僧追问："断尽一切后，又是怎样的境界？"

本寂禅师呵呵笑着说："那时，你便知道什么是无刃剑了！"

养心法语

无刃剑，喻指能斩除凡夫愚痴妄念的般若智慧，能使人的业缘习气尽除，获得解脱自在。在修持的过程中，若有善知识点拨教化的助道因缘，或能顿离千古的无明泥淖；即使未得善知识的教导，有朝一日，因缘成熟，一样能明心见性。因为人的般若自性原本清净，终有解脱烦恼的一天。

佛门里有云："迷时师度，悟时自度。"其实纵然有幸得遇名师，自己仍然需要精勤努力，即便未逢良师，若能广结人缘，厚植福德，时日一久，也能与佛道渐渐相契，进而自度度人。

看脚下

　　佛鉴慧勤、佛眼清远以及佛果克勤（圜悟克勤）禅师三个人，同为五祖法演禅师的门下弟子，素有"演门二勤一远"、"演门三佛"之称，被誉为"丛林三杰"。

　　有一天晚上，他们三人与师父法演禅师聚在一座亭子里说法论道，谈得非常尽兴，不知不觉竟然谈到了深夜，四周的灯火已经熄灭，师徒四人只好沿着昏暗的夜路慢慢地走着。此时，法演禅师忽然说："你们何不各下一个转语，让我听听看。"

　　慧勤禅师抢先说："彩凤舞丹霄。"

　　法演禅师点了点头。

　　接着，清远禅师也开口说："铁蛇横古路。"

　　法演禅师又轻轻地点了一下头，没有下任何评语。

　　这时，克勤禅师斩钉截铁地说："看脚下！"

　　法演禅师终于赞赏地说："灭吾宗者克勤耳。"

养心法语 ————————————————————

　　为什么要看脚下？因为过往已经远离，未来犹遥不可及，只有把握当下才是最真实的。禅门祖师时常教诫学人要"照顾脚下"，意即要观照当下的每一个念头，因为唯有活在当下的一念，才是禅的真心。

　　一般人的共通毛病，往往轻忽"现在"，好高骛远地幻想"未来"，或是后悔地追忆"过去"，以至虚度了原本可以掌握的"现在"。禅者重视当下，心安住于当下的因缘，随顺现前的因缘，不起分别执著，自然就能随人自在、随事自在、随物自在、随心自在。

何得白头？

宋朝的吴山净端禅师是湖州归安（今属浙江湖州）人，俗姓邱，字明表，驻锡于吴山寺，自号安闲和尚。吴山净端禅师自幼便倾慕佛道，六岁就来到佛门修行。他跟随净觉仁岳法师学习天台教观《首楞严》，后来参礼临安龙华院的宝觉齐岳禅师而开悟，丛林中称他为"端师子"。

有一天，太守李丞议和净端禅师并肩走进法堂，二人还未坐定，李丞议太守就开口问道："请问和尚，您既然是清净法身，为什么还会白发苍苍，两鬓霜白呢？"

净端禅师微笑着说："老僧有十种愁，使得我白头苍发。"

"哦？"李丞议太守低下头，默然思索了一会儿，追问道："究竟是哪十种难解之愁，竟然使得和尚您这么挂心呢？"

"来！你看看，"净端禅师边说边走到案桌前，提起笔，随手在纸上写下了十种愁：

第一愁，常怕黄河水决流，年年叠土如山岳，岁岁须防布袋头。

第二愁，江湖水涨寔难留，苏湖尽是低乡住，须防洪水没田畴。

第三愁，人间谷米少人留，忽然一日饥荒后，饿倒贫人无处求。

第四愁，看看翰苑少文俦，国家若要才人用，诗赋通经双泪流。

第五愁，臣僚代代报冤仇，子子孙孙何日了，劝君为国早回头。

第六愁，近来将相寔难求，儿孙受禄黄金贵，才闻边用皱眉头。

第七愁，人间广阔老僧忧，近来改寺为宫观，台殿桥梁社稷休。

第八愁，国家节用最为忧，忠臣慈孝应难得，小人娇逞逞风流。

第九愁，懒养爹娘要剃头，刮削民财求度牒，
还他宿债眼惆惆。

第十愁，林下无人双泪流，去圣远兮邪见近，
野老因兹白了头。

养心法语

李丞议太守的问话，引发了净端禅师对世间的一
些看法。

其实，人世间烦恼、忧愁，多如毛发，又何止这
十种愁而已？在这么多的忧愁烦恼中，能够一心不
二，心无分别，不去攀缘，纵然白头苍发，万种愁丝，
又奈他何？

不起爱嗔

有一天，大香禅师上堂对大众说法，拈举了一则文殊菩萨化身为贫女乞斋的典故，对众人说：

"有一年，在今山西省五台山的大孚灵鹫寺，依照往例举办了一场无遮大会。当时，文殊大士化身成一位衣衫破旧的女子，手中抱着二个幼儿，还有一只狗子跟在后头，共赴斋会。

住持和尚于是备办了三份斋食，布施给这位女子，女子从住持和尚手中接过了饮食之后，又指着跟在她身后的小狗，说：'大和尚，这只狗儿也得给它吃点东西才行呀！'住持和尚一听，脸色就开始变得难看，然而还是勉强又拿了一些食物给女子。这时候，女子又再开口要求说：'大和尚慈悲，我肚子里已经怀了小孩，也需要一份食物。'

住持和尚闻言，终于再也按捺不住，愤然喝斥说：

'你怎么这样贪得无厌呀？来寺院乞求食物，还百般要求。呐，肚里的小孩又还没出生，也需要进食吗？你根本就是贪心，还不快走。'

女子被住持和尚这么一喝斥，当下腾空离地，跃入虚空中，化作文殊菩萨，身后的狗儿也化作青毛狮子，二名幼儿则化作善财童子及于阗王，天空一时五色云气弥漫……"

典故说到这里，大香禅师问大众："各位，文殊大士所为何来？"

座中有一位禅僧高声回答："贫富无二，贵贱无差。"

大香禅师大笑，随即诵出当时文殊菩萨留下的一句偈语："苦瓠连根苦，甜瓜彻蒂甜，是吾起三界，却被老僧嫌。"

然后，就下座回方丈室去了。

养心法语 ————————————————

世间的事情都要从两面来看，菩萨有无限的慈悲，无穷的愿力，住持大和尚虽然也施舍欢喜，但有限度，就如女子连肚子里的小孩也要来化一份斋粮，这在常识上，就非一般人所能同意了。

其实，老和尚喝斥对方贪心，也未尝不是；对方来试探老和尚的慈悲究竟有多深广，也未尝不可啊！所以，对于住持老和尚和文殊菩萨的化身，都不要起爱嗔，这就是我们修行人应有的态度了。

何处有山河？

明朝曹洞宗的湛然圆澄禅师，得戒于云栖袾宏大师，曾经驻锡过径山万寿寺、嘉兴东塔寺、云门显圣寺、南京延寿寺及绍兴华严寺等处。

某天，鲁据梧、朱交芦等居士来拜访禅师，众人在客堂里谈经论道，席间有位居士问："佛教认为世间万象、山河大地，全是因妄想而成的，是吗？"

圆澄禅师回答道："确实如此。"

这位居士就问："既然妄想可以成就世间万法，那么和尚可否动念，想一块黄金出来好吗？"

圆澄禅师说："我想好了。"

居士说："既然想好了，请和尚拿出来让我们大家看一看吧！"

圆澄禅师闻言，便反问这位居士："您是否曾在寂静的时候，心里浮现出所住的杭州城，有这样的经验吗？"

居士回答道："有啊！"

圆澄禅师："您在想的当下，杭州的亭台楼阁、人物街道，是否清楚的在眼前呢？"

居士说："当然是啊！"

圆澄禅师便猛然向前一伸手，说："那么，何不拿出来给山僧一看呢？"

居士一听，瞠目结舌地说："话……是这样说没有错，可是想归想，要我拿出来，是万万不可能的呀！"

圆澄禅师笑笑说："你既然拿不出来，又怎能叫我把黄金拿出来给你看呢？"

养心法语 ————————————

佛法，有所谓的理与事。像心中拥有三千世界，或是将天地统统包容于一心中，此理就等于佛法所说的"一中有多，多即是一"。又如"三界唯心，万法唯识"这也是理，但是理不能废事，因此事相是事相，理与事不可混为一谈。

儒家有谓"视而不见，听而不闻"，虽然看了、听了，但由于无心于万物，又能成就些什么呢？假如我们将智慧、慈悲及发心，用于建筑大楼上，那么这栋大楼不就有我们的智慧、发心吗？如果把它用在发明电脑、汽车……世间的万事万物上，那不就处处都有我们的心意识吗？

所以，心能贯穿时空、包容万有，即此之谓也！

西来僧无须

　　无门慧开禅师是宋朝临济宗杨岐派的僧人，俗姓梁，杭州钱塘人。禅宗里著名的《无门关》一书，为慧开禅师选录旧有的禅宗公案，加以解说，并加上偈颂所成，该书与圜悟克勤禅师的《碧岩录》、万松行秀禅师的《从容录》，同在禅林中广泛地流通，受到临济门人的重视。

　　在《无门关》里，举了一则某位庵主所问的"西天来的僧人，为什么没有胡须呢？"

　　慧开禅师就这则公案，开示说："如果要参究，就要实实在在去参究；若要悟道，也要踏踏实实去了悟。那庵主所说的胡僧，非要亲眼见他一回才可说得过。然而如果要说亲见，恐怕到那个时候，早已变为两个了。"

　　接着，慧开禅师又说："在愚痴的人面前，切不可向他描述你的梦境；西方来的胡僧虽把胡子剃了，也不过只是装模作样，惑乱他人罢了！"

养心法语 ————————————

在隋唐时代，从印度、西域来到中土弘传佛教的高僧，可说是络绎不绝。这些西来的印度僧人，大都留有胡须，就像达摩祖师的样子。中土汉族的人，看到他们满脸的兜腮胡，自有另外一番感觉。

佛教是讲剃除须发的，主要是指须发也如同烦恼，因此剃除须发，正表示去除烦恼。所以，诸佛菩萨不拿武器，没有胡须，这才是西来意啊！假如不见西来意，只见到胡须，那只会增添复杂，难以契悟。

杀牛为业

五代时期扬州光孝院的慧觉禅师，生卒年不详，只知道他是赵州从谂禅师的法嗣弟子，精通经史子集，并且长于诗文。由于他擅长以机锋应对点拨学人，因此人称"觉铁嘴"。

有一天，一位以杀牛为业的屠夫来到光孝寺，问慧觉禅师说："禅师，佛门向来慈悲为怀，认为杀生是很严重的罪过。可是我为了生活家计，不得已一生都杀牛给人吃，请问我该当何罪？"

慧觉禅师故作惊讶地问道："你杀了几头牛呀？"

屠夫说："少说也有几百头吧！"

慧觉禅师说："哦，杀了那么多啊！你说有多少罪呢？"

屠夫低下头说："我知道我罪业深重。"

慧觉禅师又说："是罪业深重。"

屠夫担心地说："那我将来会怎么受报呢？"

慧觉禅师回答道："所谓'罪业本空由心造，心若灭时罪亦亡'，也可以说没有罪啦！"

屠夫一听，心里感到非常糊涂，不禁再问："禅师，究竟是有罪，还是无罪？您说清楚嘛！"

慧觉禅师说："是真相，是假相，这是有不同的哦！"

养心法语————————

罪业，有罪性，有罪相。在吾人的本性上，本自清净，有杀、无杀，对出世的真如本性都没有影响。但是在世谛法里面，杀业是重罪。杀少罪少，杀多罪多，正所谓"一报还一报"，有一定的因果。若要问有罪无罪，本性虽无罪，但流转的生命还是有罪的。所以，究竟是说有，还是说无呢？就看你通达的程度了。

谁的儿子？

　　宋朝的俞道婆是金陵（今南京）人，为临济宗琅邪起禅师的法嗣。

　　俞道婆平时以卖油炸菜饼为生，经常跟着众人一起去参谒琅邪起禅师，琅邪起禅师经常以临济宗"无位真人"的典故探问他们，但他们都回答不出来。

　　有一天，俞道婆听到有个乞丐唱："不因柳毅传书信，如何能到洞庭湖？"

　　俞道婆听了以后大悟，忘情地丢掉手里的盘子，开始手舞足蹈。

　　她的丈夫看到这种情形，怒骂道："你疯啦？"

　　俞道婆笑着说："这不是你这种人所能够理解的境界。"

　　说后，俞道婆立即去找琅邪起禅师，琅邪起禅师一看到她，就明白她道眼已开，于是探问她："哪一个是无位真人？"

俞道婆应声而唱："有一无位人，六臂三头极力嗔，一劈华山分两路，万年流水不知春。"俞道婆从此在禅林中名声大噪。

每次有出家人进到俞道婆的店里，她都会喊："儿子，儿子！"如果有年轻的出家人生气地说"谁是你儿子"，或是茫然不知所应，她便立刻把他们推出门去，不给他们饼吃。

佛鉴慧勲禅师的法嗣——何山守珣禅师，听说有这么一件事，就前往俞道婆的小店里，想要试探一下，俞道婆依然像平常一样喊着："儿子啊，儿子啊！"

守珣禅师反问她："爹在哪里呢？"俞道婆没回答，一个转身便对一根柱子礼拜起来。守珣禅师瞬间就对柱子踢了一脚，说："还说你有多少奇特！"说罢，转身离去。

俞道婆赶紧追出来大喊："儿子啊，儿子啊！"

守珣禅师再问："爹在哪里呢？"

俞道婆说："无位真人不就是爹吗？"

守珣禅师于言下有悟。

禅门里，悟道是人人有分。禅，不一定是出家人所有，因为每一个人都有禅心。像优婆夷俞道婆可以悟道，佛教里的傅翁、裴休、苏东坡等居士，都是禅门的高手。俞道婆以"无位真人"而悟道，从无位真人的话头里悟道，不就是无位真人的孩子吗？无位真人是谁？其实就是每个人自己的心啊！

黄檗笠子

　　唐朝的黄檗希运禅师，福建福州人，他在百丈怀海禅师门下悟道并得其心法。

　　黄檗禅师在参礼南泉普愿禅师的时候，南泉禅师很赏识他，并且有意付法予他，于是在黄檗禅师要离开前，把他叫到自己身边说："老僧做了一首牧牛歌，还要你来与我应和。"

　　黄檗禅师潇洒地说："不必了，我自有我的老师在，您不需要找我应和。"说完，便向南泉禅师告辞，径自往外走了出去。

　　南泉禅师也不挽留，跟在他的后面送行。

　　到了门口，南泉禅师忽然叫住黄檗禅师，扬一扬手中的笠子说："你的身形堂堂伟岸，可惜这个笠子太小了。"

　　黄檗禅师微微一笑，说："虽然如此，三千大千世界都在这里面喔！"

南泉禅师点点头，为他的境界深表赞许。这时候，黄檗禅师也不客气地接过南泉禅师手上的笠子，往头上一戴，便迈开大步，头也不回地走了。

养心法语

南泉禅师是一个大名鼎鼎的禅僧，他能够欣赏黄檗禅师，可见黄檗禅师也是来路不凡。南泉禅师想要引导黄檗禅师，黄檗禅师则自承已有老师，表示禅门自悟，不必劳驾他人，因为自己已有老师，何必再节外生枝呢？但是南泉禅师起了爱才之心，最后还是拿了一顶笠子交给黄檗禅师。黄檗禅师戴了起来，扬长而去，意思是愿意接受南泉禅师的庇荫。所以这个时候，二人就心照不宣了。

空色不二

五代的时候，山西长治延庆院的延庆传殷禅师，为福建漳州罗汉院的罗汉桂琛禅师之法嗣弟子。

有一天，一位年轻的禅僧来向传殷禅师参问道："《般若心经》上说：'色即是空，空即是色'。请问老师，究竟什么是色？什么是空？"

传殷禅师一听，立刻指着墙上的灯笼说："好比灯笼是色，蜡烛的光是空。"

禅僧仍然不死心，继续追问道："可是色与空，明明是二个啊！为什么反而要说'色即是空，空不异色'呢？"

传殷禅师微微一笑，耐心地对禅僧解释说："你见到灯笼，难道不知道有蜡烛吗？你知道有蜡烛，难道没有看到灯笼吗？"

传殷禅师接着又说："两头共截断，一剑倚天寒。"

禅僧一听，恍若有悟。

养心法语 ————————————————

　　有关《心经》色和空的问题，色是物质，空就是精神。物质是相，精神是用，二而即一，一为是二。色与空是不能分开的，懂得的人，见到色就见到空，见到空就见到色。就如一块黄金（空），把它打造成手镯、戒指、耳环，那就是色；没有黄金（空），哪里有戒指、耳环呢？没有耳环、戒指，又怎么样知道空性呢？所以，《心经》把空和色用"即是"、"不异"来形容。春风一起，百花开放，那就是"空即是色"；秋冬到来，花谢果落，那就是"色即是空"了。

量才补职

　　唐末五代时候的云门文偃禅师，浙江嘉兴人，是云门宗之祖。他幼年在嘉兴空王寺志澄律师门下出家，于毗陵坛受具足戒。遍读经典，精研戒律。先后参礼睦州道明禅师及福州雪峰义存禅师。后来住持韶州云门山光泰禅院，故人称云门文偃。

　　当时，跟随云门禅师学习者众多，可说是十方云集。因为他道行高超，信徒很多，经常打斋设供，四事供养，所以云门供养之厚，冠于各寺。一干大众住在寺里，茶来伸手，饭来张口，每天受斋，百味供养，有些人不免心生惭愧。

　　一日，云门禅师上堂说法，一位学僧走上前来，问道："老师，我们每天享用施主衣服、饮食、卧具、医药四事供养，要如何回报呢？"

　　云门禅师说："量才补职。"

学僧听了，一脸茫然，不能领会云门禅师话中的含意。

学僧再说："学人愚钝，请老师再为学僧开导。"

云门禅师沉默了一下，看了他一眼说："不懂，那么就去吃饭吧！"

学僧只觉招架不住，只有合掌顶礼，回到自己的座位。

云门禅师点点头，说："山门一念净，能消万劫粮。大家为了道，都放心吃饭吧！"

养心法语 ————————————————

布施供养，有物质上的多少，有价值上的分别，但是就法性上来讲，没有事相上的多少分别。因此，一念净信，可以消八万四千重罪。出家僧侣修出世法，讲究菩提心，上弘下化，这就不是人间的一些供养而能对等的了。所以，问题在于：有没有净念用餐，尽心弘道呢？

大王尊讳多

　　有一天，燕王、赵王带着随行人员一同去拜访赵州从谂禅师。双方一到赵州禅师的寺院，燕赵二王的侍从就暗示赵州禅师，要禅师为二王说法。

　　赵州禅师见他们到了寺院还官气十足，淡淡地说："大王的左右太多，要老僧如何说法呢？"

　　燕赵二王听了，赶紧请身边的侍从们全部退下，独留他们两人在法堂。

　　这时，赵州禅师身边的侍者文远沙弥随即开口，礼貌地说："大王，禅师的意思不是指这个'左右'。"

　　燕赵二王面面相觑，问道："那么，禅师是指哪个'左右'呢？"

　　文远沙弥机灵地说："大王尊讳多，所以禅师不方便说法。"

　　燕王听了当下会意，哈哈大笑说："我们现在既然站在禅师的面前，就已经除去名讳了，请禅师安心说法，不需要有任何的顾忌。"

赵州禅师这时才点点头，开口说："大王尊讳多，你们应该知道，这要许多抬举的人很辛苦哦！再说，大王的尊号多，这许多从贪嗔痴而来的尊荣，你知道造业又何其多啊！不若我佛如来，不必什么尊号，人人心中有佛，那是何等逍遥自在啊！"

燕、赵二王听了赵州禅师以名讳和佛号为喻，心中豁然开朗，频频点头表示认同。

养心法语 ————————————————

有谓"一将功成万骨枯"，所以一个功名富贵的成就，这要多少人的辛苦、血汗，才能把自己抬出一个称号。富人一夕酒，穷人半年粮，这些功名富贵都是负担在穷苦的人身上；尊号，看穿了，它里面埋伏了多少的业障啊！能可以把佛号摆在心中，清净、自在、平等，那才是真正的尊号喔！

裴休安名

唐代的宰相裴休，孟州济源（今属河南）人，是佛教史上有名的在家大护法。他跟随圭峰宗密大师学习华严，也曾迎请黄檗希运禅师到宛陵（今安徽宣城）弘扬禅法，后来他将黄檗禅师的这些法语辑录成《宛陵录》，大行于世。

唐武宗及宣宗时，佛教遭逢法难，当时裴休以朝廷重臣的身份，极力护卫佛教，让佛教得以在很短的数年之间，恢复旧貌。中年之后，他更自断肉食，虔诚敬佛，世人尊称为"河东大士"。

有一次，裴休捧了一尊佛像，恭敬地跪在黄檗禅师面前，说："禅师，请您为这尊佛像安立一个名字。"

黄檗禅师看了看佛像，又看了看裴休，忽然大声叫唤他的名字："裴休！"

裴休不假思索，立刻应和道："在。"

黄檗禅师微微一笑，点点头说："很好，我已经帮你把名字安立好了。"

裴休当下会意，就地欢喜礼拜，感谢黄檗希运禅师为他印可。

养心法语 ————————————

经中说，人人有佛性，人人是佛，但人们不敢承担，实殊为可惜。裴休到底是佛门的高层有道之人，他请黄檗禅师为佛像安名，阿弥陀佛也好，弥勒佛也好，药师佛也好，其实什么名字都好，但是黄檗禅师却叫一声"裴休"，而裴休也回应一声"我在"。这么一来，佛像不就是裴休，裴休不就是佛了吗？

人人是佛，佛是人人，这又有什么分别呢？